SOFORTHELFER KLEINE GÄRTEN

MARTIN STAFFLER

KOSMOS

AUF EINEN BLICK

↗ SEITE 7

Basics

- Alles über Gestaltungstricks für kleine Gärten
- Vielfalt schaffen
- Wie finde ich meinen Stil?
- Optische Tricks, die sofort wirken
- Entscheidungshilfen bei der Planung
- Unschönes verstecken
- Werkzeug & Geräte

↗ SEITE 35

Sichtschutz

- Erfahren Sie, wie man im Handumdrehen Privatsphäre schafft & unerwünschte Blicke fernhält.
- Zäune, Hecken und Mauern
- Flechtwerk & Paravents
- Sonnensegel
- Sichtschutz nach oben
- Die besten Kletterpflanzen
- Blickdichte Heckenpflanzen

↗ SEITE 55

Sitzplatz & Wege

- Wie groß sollte ein Sitzplatz sein?
- Welches ist der beste Belag: Kies, Schotter, Rindenmulch, Pflaster oder Platten?
- Alles über die Wirkung von Pflaster, Platten & Fugen
- Gartenmöbel für kleine Sitzecken

↗ SEITE 73

Gartengrenzen

- Alles was man über die Abgrenzung des Gartens zum Nachbarn oder zur Straße wissen muss
- Dichte Holzwände & Mauern
- Durchlässige Hecken & Zäune
- Die schönsten Sträucher für Blütenhecken

↗ SEITE 87

Inspiration

- Gelungene Beispiele für kleine Gärten
- Kreative Ideen
- Lösungsvorschläge für Vorgärten & schöne Hauseingänge
- Lange, schmale Gärten
- Schattige Ecken aufhellen
- Treppen und Stufen
- Gärten am Hang

↗ SEITE 115

Bauwerke

- Gartenhäuschen
- Stauraum schaffen & nutzen
- Gewächshaus
- Hochbeete
- Arbeitsflächen sinnvoll organisieren

WAS FINDE ICH WO?

Kleine Gärten im Überblick 2

Basics

Herausforderung & Chance 8
Mein persönlicher Stil 10
Optische Tricks 12
Den Platz ausnutzen 14
Das wirkt sofort 16
Oberflächen 18
Privatsphäre schaffen 20
Unschönes verstecken 22
Geräte & Werkzeuge 24
Gießen & Bewässerung 26
Umgestaltung oder alles neu? 28
Planung vorweg 30
Los geht's 32

Sichtschutz

Holzwände & Zäune 36
Blickdichte Mauern 38
Transparenter Sichtschutz 40
Flechtwerk & Paravents 42
Sonnensegel 44
Sichtschutz nach oben 46
Einjährige Kletterpflanzen 48
Mehrjährige Kletterpflanzen 50
Dichte Heckenpflanzen 52

Sitzplatz & Wege

Die richtige Größe 56
Feste Oberflächen 58
Offene Oberfächen 60
Praktische Gartenmöbel 62
Wirkung von Gartenmöbeln 64
Wege im Garten 66
Wegbeläge 68
Material & Fugen 70

Gartengrenzen

Grenzzäune 74
Mauern 76
Holzwände & Zäune 78
Durchlässige Grenzen 80
Hecken 82
Sträucher für Blütenhecken 84

Ideen & Inspiration

Reihenhausgärten 88
Sitzplätze 90
Kreative Pflanzideen 92
Vorgarten & Hauseingang 94
Schmale Gärten 96
Kleine Gehölze 98
Sommerblumen & Stauden 100
Schattige Ecken 102
Stauden für schattige Ecken 104
Gärten am Hang 106
Stufen & Treppen 108
Sonnige Terrassen 110
Pflanzen für Dachterrassen 112

Bauwerke

Gartenhäuschen 116
Gewächshaus 117
Stauraum & Arbeitsflächen 118
Hochbeete 120

Service 122
Register 125
Bildnachweis 126
Impressum 127

KOSMOS SOFORTHELFER

DIE
30
SCHNELLSTEN
ANTWORTEN

BASICS

EINEM WEIT VERBREITETEN VORURTEIL ZUFOLGE LÄSST SICH AUS EINEM KLEINEN GARTEN NICHTS SCHÖNES MACHEN. DABEI SOLLTE MAN ALS FRISCH GEBACKENER BESITZER EINES REIHENHAUSES ODER EINER DOPPELHAUSHÄLFTE DIE MÖGLICHKEITEN NUTZEN, DIE SICH GERADE AUF KLEINER FLÄCHE BIETEN.

GEMÜTLICHKEIT UND PRIVATSPHÄRE

Wie man aus seinem Garten eine Wohlfühloase macht und sich einigelt, steht bei den meisten Gartenbesitzern sicher im Vordergrund aller Überlegungen. Der vorgegebene, überschaubare Raum lässt sich im Vergleich zu großen Gärten leichter in einen gemütlichen Raum verwandeln. Stattdessen kommen eher Tricks und Kniffe zum Einsatz, mit deren Hilfe Sie eine größere Weite simulieren können.

PLANUNG UND BESCHRÄNKUNG

Ein weiteres Plus kleiner Gärten liegt darin, dass Sie mit geringem Materialeinsatz und wenigen Pflanzen viel erreichen können. Setzen Sie daher ein erhöhtes Augenmerk auf eine gute Planung und ausgefeilte Gestaltung, um aus den Ressourcen das Beste herauszuholen. Beschränken Sie sich vor allem auf einen Stil, um den Garten nicht optisch zu überfrachten.

Investieren Sie lieber in wenige, aber hochwertige Accessoires. Damit können Sie auch aus problematischen Grundstücken individuelle Schmuckstücke machen.

NÜTZLICHES UND NOTWENDIGES

Bei vielen, nebeneinander liegenden Grundstücken dürfen Zweifel bestehen, ob jeder Gartenbesitzer beispielsweise seinen eigenen Rasenmäher benötigt. Bemühen Sie sich um ein gutes Nachbarschaftsverhältnis, und profitieren Sie von geteilten Werkzeugen und Geräten.

Eine eigene Schmuddelecke mit Kompost, Geräteplatz und Mülltonnen ist fast unausweichlich. Sie lässt sich aber geschickt kaschieren.

HERAUSFORDERUNG & CHANCE

WAS
FÜR KLEINE GÄRTEN GIBT ES?

- Reihenhausgarten
- Doppelhaushälfte
- Vorgarten
- Dachgarten
- Schrebergarten
- Kleiner Einfamilienhausgarten
- Mietergarten

WAS
BEEINFLUSST DIE GESTALTUNG?

- Licht-Schatten-Situation
- Bodenverhältnisse
- Regionales & lokales Klima
- Vorhandene Bauwerke, Schächte, Mauern
- **Umgebung:** Gebäude, Straßennähe, enge Bebauung
- **Bebauungsplan (B-Plan):** Darin können Vorgaben & Vorschriften zur Gestaltung rechtlich bindend festgehalten sein.

Vielfalt auf kleiner Fläche

- Die stets präsente Gartengrenze wird durch abwechslungsreiche Gestaltung mit Heckenpflanzen und Sichtschutzwänden belebt.
- Spannungsreich wirkt es, den Sitzplatz mit einem Podest auf ein höheres Niveau zu heben.
- Hohe Vasen dienen als Raumteiler, der Sitzbereich und Bepflanzung trennt.
- Die Reduzierung auf wenige Farben wie Gelb- und Grüntöne sorgt für einen insgesamt ruhigen Eindruck.
- Wiederkehrende Materialien wie Holzbretter in Podest, Bänken und Sichtschutz bilden optisch eine Einheit.

KOSMOS
SOFORTHELFER

Wenn Sie noch keine konkreten Ideen für die Gartengestaltung haben, lassen Sie sich im Maßstab 1:1 inspirieren. Jedes Jahr zeigen auf Landesgartenschauen und Gartenmessen im ganzen Land Gartenplaner und Landschaftsgärtner, was sie können. Die geringe Größe der Schaugärten ist oft mit der eines kleinen Gartens zu vergleichen. Vielleicht finden Sie hier eine zündende Idee.

Das Paradies ist möglich

- Üppige Rosenpracht braucht nur wenig Platz. Kletterrosen am Bogen, Hochstämmchen oder Beetrosen passen besonders gut in romantische Gärten.
- Akzente zu setzen, gelingt mit Accessoires wie Statuen. Wichtig ist es, den Garten nicht mit zu vielen Eyecatchern zu überfrachten. Weniger ist mehr.
- Buchskugeln, Rosenbogen und Statue geben dem Garten auch im Herbst und im Winter optisch Halt.
- Ein schmaler Rasenweg wird mit Trittplatten in bequemer Schrittweite geschont. Zugleich weisen diese den Weg in den hinteren Gartenraum.

MEIN PERSÖNLICHER STIL

WELCHE
STILE GIBT ES?

- Romantisch
- Formal modern
- Natürlich
- Familiär
- Asiatisch
- Ländlich
- Maritim
- Alpin (Steingarten)
- **Mein persönlicher Stil:** Kann sich aus klassischen Stilen ableiten oder etwas komplett Eigenes sein.

WELCHE
ELEMENTE SIND STILBILDEND?

- Mobiliar
- Pflanzen
- Wege & Terrassen
- Sichtschutz
- Wasser im Garten
- Deko-Artikel

In Bestform

- In einer klar formal gestalteten Anlage wirken einzeln gesetzte Akzente besonders effektiv: Formschnitt-Buchs als Einfassung oder Kugel.
- Klein bleibende Baumkronen, wie sie der Kugel-Trompetenbaum bildet, binden die Vertikale in die Gestaltung mit ein.

Eyecatcher

- Im kleinen Garten können Sie die Liebe zum Detail voll ausleben. Die roten Kugeln ziehen mit Form und Farbe alle Blicke auf sich.
- Immergrüne Kleinsträucher in Kübeln wie Zwerg-Kiefer und Scheinzypresse bilden dazu einen ruhigen Rahmen für die Sitzecke.

KOSMOS SOFORTHELFER

Widerstehen Sie der Versuchung, möglichst viele Gestaltungsideen und Accessoires auf kleinem Raum unterzubringen. Besser wirkt eine großzügige Anlage mit klaren Linien und Räumen. So verströmt Ihr Garten Ruhe und bietet Aufenthaltsqualität. Deutlich voneinander abgegrenzte Terrasse, Rasen und Beete lassen den Garten zugleich größer erscheinen.

Romantisch & verspielt

- Die Zusammenstellung der Beete mit Stauden wie Frauenmantel und Katzenminze sowie mit Rosen und Hortensien schafft gezähmte Wildheit. Beetrand und Rasen gehen ineinander über.
- Einzelne Accessoires wie der Pinienzapfen aus Keramik geben dem Blick Halt und sorgen für romantisches Flair.
- Unaufdringlich lenkt die schmal zulaufende Rasenfläche den Betrachter zum Sitzplatz hin. Vom Tisch aus schaut ein Putto verträumt zurück.
- Harmonische Farbgebung gelingt hier mit den Farben Gelb, Gelbgrün, Violett und Rosa. Mehr Farben würden nur unruhiger wirken.

OPTISCHE TRICKS

WELCHE
TRICKS GIBT ES?

- **Raumteiler einbauen:** Der Garten erschließt sich nicht komplett auf den ersten Blick.
- **Wegeführung in Bögen:** nicht geradlinig
- Umgebung mit offenen Grenzen einbeziehen.
- **Farbgebung:** Blau und Weiß wirken eher in die Tiefe, Rot, Orange & Gelb rücken näher an den Betrachter heran.
- **Gärtnern in die Höhe:** Rosenbogen, Obelisk, Pergola, Etagere.

WOMIT
ERZEUGE ICH SPANNUNG?

- Blickachsen, die auf einen Hingucker zuführen.
- Wege, deren Ende sich erst beim Gehen um eine Biegung erschließt.
- Gemütliche, teilweise verborgene Sitzplätze im Garten.
- **Jahreszeitlich wechselnde Höhepunkte** der Bepflanzung: Zwiebelblumen, Rosen, Stauden, Sträucher, Gräser.

Blicke lenken

- Mit wenigen Hilfsmitteln lässt sich der Betrachter leiten. Ein wie zufällig platzierter Stuhl am Beetrand gibt den ersten Halt im Rosengarten. Trittplatten im Rasen machen neugierig, wie es hinter den Strauchrosen weitergeht.
- Blaue Hortensien im Hintergrund wirken weiter entfernt und führen den Betrachter optisch um die Kurve.
- Der Rasen verjüngt sich in diesem Beispiel zum Rasenweg, wodurch wiederum Tiefe entsteht. In kleinen Gärten kann man oft ganz auf Rasen verzichten.

Ausblicke in der Nachbarschaft

- Nutzen Sie die Umgebung bei der Gestaltung Ihres Gartens. Sind im Blickfeld markante und attraktive Gebäude oder schließen Grünflächen und schöne Gärten an, so bietet es sich an, diese als Hintergrund wirken zu lassen. Der ungestörte Blick über einen niedrigen Zaun lässt Ihre Gartengrenze optisch verschwinden.
- Durchblicke und Engpässe geben peu á peu dahinter Liegendes frei. Ob Rankbogen, Fenster in der Sichtschutzwand oder sorgfältig frei geschnittenes Loch in der Hecke – neugierig machen sie alle.

KOSMOS
SOFORTHELFER

Meist besteht ein größeres Bedürfnis danach, sich optisch im Garten einzuigeln, als ihn offen zu gestalten. Haben Sie daher umso mehr ein Auge darauf, was sich außerhalb an Eyecatchern anbieten könnte. Ein attraktives Gehölz oder einen Pavillon auf dem Nachbargrundstück können Sie ebenso als Blickfang in Ihre Gestaltung einbeziehen wie einen Kirchturm oder ein Fachwerkhaus.

DEN PLATZ AUSNUTZEN

WODURCH
SPARE ICH PLATZ?

- **In Mini-Gärten** auf Rasen verzichten.
- **Flächen doppelt nutzen:** Weg & Sitzplatz in einem.
- **Gute Planung:** Was brauche ich wirklich – worauf kann ich verzichten?
- **Wege schmal halten:** Einfache Trittplatten reichen oft völlig aus.
- **Beete** für mehr Abwechslung dicht bepflanzen, offener Boden fördert nur Unkraut.
- **Ein klares Gestaltungskonzept** reduziert schwer nutzbare Restecken.
- **In die Höhe** statt in die Fläche bauen.

Terrasse statt Rasen

- Man braucht nicht zwangsläufig eine Rasenfläche im Garten. Wenn der Garten so klein ist, dass außer kleiner Terrasse nur ein winziger Rasenstreifen bliebe, ist ein Verzicht darauf die richtige Entscheidung. Eine größere Terrassenfläche ist als Outdoor-Esszimmer besser nutzbar.

Weg-Sitzplatz-Kombi

- Anstelle von Wegen und zusätzlich befestigter Flächen für Sitzplätze kann ein genügend breiter Weg zugleich Platz für einen kleinen Tisch und Stühle bieten.
- Für gelegentliches Sitzen kann man einen Sitzbereich alternativ direkt auf der Rasenfläche platzieren.

KOSMOS
SOFORTHELFER

Mehr noch als in großen Gärten gilt es, in kleinen Refugien keinen Raum zu verschwenden und präzise zu planen. Ob bei Neuanlagen oder Umgestaltungen: Gleichermaßen gilt die Devise, sich von vornherein an ein übergeordnetes Konzept zu halten. So vermeiden Sie beispielsweise Spontankäufe von Mobiliar und Pflanzen, die sich oft nur schwer in den Garten integrieren lassen.

Rasen nur auf größeren Flächen

- Je kleiner der Garten, desto weniger ist Rasen zu empfehlen. Erst wenn der Rasen auch optisch wirkungsvoll sein soll oder als Spielfläche in Frage kommt, macht die Anlage Sinn.
- Vermeiden Sie eine wenig spannende, quadratische oder rechteckige Grundform, die von einer umlaufenden Strauchpflanzung eingefasst wird.
- Mit einem Blick wäre der ganze Garten erfasst – und keines zweiten Blickes mehr würdig. Geschwungene Kanten und in die Fläche hineinragende Beete machen die Fläche spannungsreicher.

DAS WIRKT SOFORT

WAS WIRKT
VOM ERSTEN AUGENBLICK AN?

- Wege & Trittplatten
- Terrassen mit Mobiliar
- Accessoires & Deko
- Mauern & Sichtschutzwände
- Teich
- Kübelpflanzen

WIE LANGE
BRAUCHEN PFLANZEN?

- Stauden & Gräser – mehrjährige Arten, die im Winter oberflächlich absterben – sehen ab dem zweiten oder dritten Jahr aus wie auf dem Etikett.
- Sommerblumen – einjährige Pflanzen, die den Sommer über blühen und dann vollständig absterben – sind, wenn vorgezogen gekauft, in wenigen Wochen in Topform.
- Zwiebelblumen wie Tulpe, Narzisse und Krokus kommen im Frühjahr zur Blüte.
- Sommer- & Herbstblühende Zwiebelblumen wie Dahlie und Gladiole blühen im Jahr der Pflanzung, müssen aber frostfrei überwintert werden.
- Sträucher & Bäume benötigen mehrere Jahre bis zur endgültigen Größe.
- Gesäter Rasen braucht etliche Wochen. Rollrasen ist sofort grün.

Geschwungene Wege

- Ein leichter, harmonischer Bogen sieht gefällig aus und wirkt länger als die Gerade. Trittsteine führen dabei zugleich den Blick und die Gehrichtung.
- Starke Bögen verleiten zu Abkürzungen: Zertretener Rasen und niedergetretene Pflanzen an Beetecken sind die Folge.

Mit Deko-Objekten punkten

- Mit Liebe zum Detail werten Sie Beete und Sitzplätze auf. Gezielt platzierte Deko wie der Keramik-Pinienzapfen sind willkommene Blickfänge.
- Bleiben Sie beim Dekorieren des Gartenraums Ihrem Stil treu. Eine Buddha-Statue würde zum mediterranen Zapfen nicht passen.

KOSMOS **SOFORTHELFER**

Einige Pflanzen erreichen in kurzer Zeit beachtliche Größen. Schnellwüchsige Sträucher sind beispielsweise Sommerflieder, Ranunkelstrauch und Forsythie. Stauden, die schon im ersten Pflanzjahr toll wirken, sind Oktober-Sonnenhut, Herbst-Astern und Gold-Felberich. Einzelne Pflanzen, die schon groß gewachsen gekauft werden, bilden schnell ein Gerüst.

Helle Pflanzen für dunkle Ecken

- Schattige Gartenbereiche werten Sie mit weißrandigen und weiß blühenden Pflanzen perfekt auf. Schattenverträgliche Sträucher, Stauden und Gräser gibt es in Baumschulen und Gärtnereien in vielen hellen Sorten.
- Mit Pflanzen in Kübeln kann man schneller als mit eingepflanzten Sträuchern frische Akzente setzen. Zum einen wirkt der Kübel sofort aufhellend. Dazu gesellen sich zum anderen noch helle oder weiße Blüten und panaschierte (weiß-grüne) Blätter. Achtung: Pflanzen im Kübel können kein Wasser aus dem Boden ziehen – häufigeres Gießen ist auch im Schatten notwendig.

OBERFLÄCHEN

WELCHE
FLÄCHEN GIBT ES IM GARTEN?

- Terrasse
- Sitzplatz im Garten
- Rasen
- Wege
- Dachfläche – z. B. auf dem Carport oder einer Dachterrasse

WELCHE
OBERFLÄCHENARTEN GIBT ES?

- **Offene Beläge:** Wasser kann versickern wie auf begrünten Flächen wie Rasen, aber auch Kies- und Schotterflächen.
- **Befestigte Beläge:** Wasser wird abgeführt, z. B. in benachbarte Beete, oder wird in den Kanal geleitet.

Schöne Rasenfläche

- Rasenflächen sind einerseits pflegeintensiv, andererseits hält sich Feuchtigkeit lange in den Halmen.
- Wer sich dennoch, beispielsweise aus optischen Gründen, für eine Rasenfläche entscheidet, sollte sie so anlegen, dass von ihr eine ruhige Atmosphäre ausgeht. Oft betretene und zertrampelte Rasenflächen wirken unruhig.
- Als geometrische Fläche – Quadrat, Rechteck, Kreis oder Ellipse – wirkt gut gepflegter Rasen im formal modernen Garten sehr hochwertig.
- Alternativ lässt sich die Rasenfläche mit geschwungenen Rändern attraktiv und abwechslungsreich gestalten.

Befestigte Fläche

- Mit Platten und Pflaster können Sie einen dauerhaften Belag herstellen. Hinsichtlich Material, Farbwahl und Musterungen können Sie ihn auf Ihren Gartenstil passend zuschneiden.
- In schattigen Bereichen, wo Rasen schlecht oder gar nicht wächst, ist ein befestigter Belag die bessere Wahl.
- Statt lautem Mäher kommt gelegentlich ein Besen zum Einsatz, ab und an wird Unkraut aus den Fugen beseitigt, wenn es nicht zum Stil passt. Mehr Pflege ist nicht nötig.
- Obendrein trocknet Niederschlag schnell ab. Man kann wieder trockenen Fußes über die Terrasse gehen.

KOSMOS SOFORTHELFER

Wem das Naturerlebnis im Garten weniger wichtig als die Optik ist, kann sich auf kleiner Fläche einen pflegeleichten Rasen zulegen – Kunstrasen. Einige der angebotenen Produkte sehen mittlerweile wie echt aus. Auf Messen und Sportplätzen werden sie bereits genutzt, warum also nicht auch im privaten Garten? Witterungsbeständig und leicht zu verlegen ist Kunstrasen obendrein.

PRIVATSPHÄRE SCHAFFEN

WOMIT
KANN ICH MICH EINIGELN?

- Hecken & Sträucher
- Wände & Mauern
- Vorhänge
- Sonnensegel & Sonnenschirm wirken von oben
- Kübelpflanzen
- Hohe Stauden & Gräser
- Sichtschutzwände & Zäune
- Pergola
- Pavillon
- Gartenhaus

WIE WIRD ES
NOCH GEMÜTLICHER?

- Bequemes Mobiliar mit Polstern
- Persönliche Deko-Artikel
- Beleuchtung
- Brunnen & Wasserspiele

Sichtschutz am Sitzplatz

- Die wichtigsten Bereiche des Gartens, die es zu schützen gilt, sind Terrasse und Sitzplatz. Ob allein mit einem Buch oder in Gesellschaft zum Unterhalten und Essen – hier ist uneingeschränkt Ruhe vor äußeren Einflüssen angesagt.
- Hecken, Sichtschutzwände und Zäune schließen den Platz zuverlässig ab. Hohe und ausladende Kübelpflanzen ergänzen die Möglichkeiten.
- Oft reicht es, eine Seite zum Nachbarn abzuschotten, manchmal ist eine zusätzliche Abschirmung vonnöten. Verbauen Sie sich nur nicht den Ausblick in den Garten.

Garten als Wohnraum

- Wer sich ein zusätzliches Zimmer unter freiem Himmel einrichten möchte, ist mit einer Pergola gut beraten. Je nach Belieben lassen sich die Seiten mit Stoffen, Wänden und Pflanzen schließen und mit Kletterpflanzen ein grünes Dach schaffen.
- Zum Wohlfühlen fehlen nur noch gemütliches Mobiliar, Pflanzen und Accessoires. Besonders stimmungsvoll ist beispielsweise ein Wandbrunnen, dessen Plätschern Ruhe ausstrahlt. Dieses Outdoor-Wohnzimmer ist jedenfalls ein Hingucker.

KOSMOS SOFORTHELFER

Nicht nur Bewohner von Reihenhäusern kennen das Problem: Der Sichtschutz zu den Nachbargrundstücken ist schnell konstruiert oder gepflanzt, aber von den umliegenden Balkonen und den Fenstern der höheren Etagen lässt sich hervorragend ablesen, was zum Mittagessen bei Ihnen aufgetischt wird. Mit Sonnensegel, Sonnenschirmen und Pergola sorgen Sie für passenden Sichtschutz von oben.

UNSCHÖNES VERSTECKEN

WAS SOLLTE
MAN VERSTECKEN?

- Mülltonnen
- Kellertreppen
- Kompostplätze
- Schachtdeckel
- Öltank
- Hässliche Gebäudesockel
- PKW-Stellplatz

WOMIT LASSEN SICH
SCHMUDDELECKEN KASCHIEREN?

- Auffällige Zäune
- Hohe, dichte Pflanzen
- Hecken
- Sichtschutzwände
- Mauern

Mülleimer

- Eigentlich sitzt man mit Mülleimern gestalterisch in einer Zwickmühle. Sie müssen gut zugänglich im Vorgarten oder bestenfalls seitlich des Hauses stehen, damit eine Leerung möglich ist.
- Ein peppiger Lattenzaun lenkt von den Tonnen ab, hohe Gräser kaschieren sie seitlich.

Treppenabgänge

- Ein Außenzugang in den Keller spart zwar Platz beim Wohnraum, ist aber draußen optisch ein Problem. Sichtschutzwände und hohe Pflanzen können ihn zumindest halbwegs verbergen.
- Ein längeres Geländer lässt sich mit Kletterpflanzen attraktiv begrünen.

Kompostplatz

- Der erste Schritt, einen Kompost schön zu gestalten, ist die Wahl eines passenden Kompostbehälters. Sogenannte Schnellkomposter sind nicht nur unansehnliche Tonnen, sondern auch nur mit idealer Füllung voll funktionsfähig.
- Selbst preiswerte Modelle aus Holzlatten wirken weniger als Fremdkörper und lassen sich schnell aufbauen. Am besten nutzt man zwei Behälter zum Umsetzen des Materials nach einigen Monaten.
- Schließlich umgibt man den Kompostplatz seitlich noch mit blühenden Sträuchern und schon tut er optisch nicht mehr weh.

GERÄTE & WERKZEUGE

WAS
BRAUCHE ICH WIRKLICH?

- Handschaufel
- Handschuhe
- Gartenschere
- Spaten
- Schaufel
- Rechen
- Besen
- Gießkanne
- Gartenschlauch
- Eimer
- Laubsack

WAS
KANN ICH LEIHEN ODER TEILEN?

- Elektromäher
- Vertikutierer
- Häcksler
- Elektrische Heckenschere
- Schubkarre
- Beil oder Axt
- Grabegabel
- Astschere
- Astsägen
- Maschinen & Geräte, z. B. für Pflasterarbeiten

Gerätegrundausstattung

- Hochwertige Geräte halten länger als Billigware aus dem Discounter. Achten Sie bei Gartenscheren auf einen bequemen Griff in der passenden Größe. Austauschbare Klingen und Scheren, die man zum Reinigen auseinanderbauen kann, sind ein gutes Zeichen für Qualität.
- Beim Spaten lohnt sich ein Blick auf die Verarbeitung: Ist das Spatenblatt aus einem Guss, gut am Stiel verschraubt und hat der Spaten ein hohes Gewicht, liegen Sie wahrscheinlich richtig mit der Wahl. Tipp: Es gibt für kleinere Gärtner Spaten mit kürzerem Stiel und kleinerem Blatt.

KOSMOS SOFORTHELFER

Im kleinen Garten steht der Platzbedarf von Rasenmäher und Vertikutierer in keinem Verhältnis zur Fläche, die es zu bearbeiten gilt. Ein gutes Verhältnis vorausgesetzt, teilen Sie sich größere und kostenintensive Geräte besser mit einem oder mehreren Nachbarn. Stimmen Sie die Nutzungszeiten miteinander ab, damit es in Stoßzeiten wie samstags nicht doch zu Konflikten kommt.

Elektro-Rasenmäher

- Rasenmäher werden unter anderem nach der zu mähenden Fläche angeboten. Achten Sie daher auf eine für Ihren Rasen passende Quadratmeterangabe des Gerätes. Im kleinen Garten wird es meist auf einen kleinen Elektromäher mit faltbarem Holm hinauslaufen.

Hand-Spindelmäher

- Eine gute, platzsparende Alternative zu elektrischen Mähern sind handbetriebene Spindelmäher. Sie schlagen das Gras sehr sauber ab. Es bleibt auf der Fläche liegen und mulcht sie zugleich. Guter Nebeneffekt: kleines Workout-Programm inklusive.

GIESSEN & BEWÄSSERUNG

WIE

GIESST MAN RICHTIG?

- **Zeitpunkt:** Morgens ist Gießen am günstigsten, das Wasser versickert gut, nasse Blätter trocknen schnell wieder, wodurch Pilzerkrankungen vermieden werden. Abends ist die zweitbeste Wahl. Nur Unwissende gießen mittags: Vieles vom Gießwasser verdunstet ungenutzt und bei Sonneneinstrahlung besteht die Gefahr, dass Blätter verbrennen.
- **Menge:** Man gießt durchdringend, dafür seltener. Damit erzieht man die Pflanzen, sich das Wasser mit tief gehenden Wurzeln aus tieferen Erdschichten zu holen. Wer täglich und nur oberflächlich gießt, macht seine Pflanzen von sich abhängig und umgekehrt – die obere Erdschicht trocknet nämlich auch am schnellsten wieder aus.
- **Technik:** Nicht großflächig in die Beete oder über die Pflanzen sprühen, sondern zielgerichtet die Pflanzen nur im Bereich der Wurzeln gießen.

Integrierte Bewässerung

- Für einen dauerhaft saftig frischen Rasen ist nicht nur regelmäßiges Mähen entscheidend, sondern auch eine ausgeglichene Bewässerung.
- Sehr kleine Flächen lassen sich am besten mit einem Schlauch beregnen. Sobald der Rasen aber größere Ausmaße hat, empfiehlt sich entweder ein mobiler Rasensprenger, oder – für Fortgeschrittene und Bequeme – in den Rasen versenkbare Rasensprenger.
- Gut ausgerichtet, damit die komplette Fläche bis in den letzten Winkel beregnet wird, reicht ein Handgriff oder die Einstellung der Automatik und schon geht's los.

Schwebender Wassertank

- Eine herkömmliche Regentonne ist sinnvoll und preiswert. Wo man aber zusätzlich Platz sparen muss, kann man mit einem schicken Hängemodell direkt vom Regenfallrohr Wasser abzweigen. Elegant und praktisch, denn darunter bleibt Platz, z. B. für die Gießkanne.

Schmal & hoch

- Geringes Flächenangebot sorgt für eine größere Bedeutung der vertikalen Raumnutzung. Dafür gibt es im Fachhandel beispielsweise schmale und zugleich hohe Wassertanks, die sich optisch zurückhaltend an die Hauswand schmiegen und nicht in den Weg hineinragen.

KOSMOS

SOFORTHELFER

Tropfnasse Wurzelballen und gründliches Angießen sorgen für einen guten Start der Pflanze nach der Pflanzung. Schattenliebende Arten gedeihen zwar oft auch mit viel Bewässerung in der Sonne, aber besser ist es, sie in den Schatten zu setzen. Vor dem Pflanzen und im Fachhandel über Standortvorlieben informieren. Und sammeln Sie Wasser: in Regentonnen und/oder in ober- und unterirdischen Wassertanks.

UMGESTALTUNG ODER ALLES NEU?

WAS SPRICHT
FÜR EINE UMGESTALTUNG?

- Attraktiver Baum- und Strauchbestand.
- Eingewachsene Einfassungshecken.
- Grundzüge entsprechen weitgehend Ihren Vorstellungen.
- Kosten sparen.
- Zeit sparen.

WANN IST EINE
NEUGESTALTUNG SINNVOLL?

- Vorhandenes passt nicht zum gewünschten Stil und eigenen Ideen.
- Verwahrloster Garten.
- Überalterte Bäume: Bei Astbruchgefahr ist eine Fällung sicherer.
- Bei Familien: Garten nicht kindgerecht, fehlende Freiflächen, evtl. Gefahren durch Teich, steilen Hang.
- Bei Neubauten.

Alles neu

- Ein klares Terrassenkonzept mit vielen eigenen Vorstellungen lässt sich nur schlecht auf Vorhandenes anpassen. Exakte Bauweise und eine plane Fläche fürs Natursteinpflaster erfordern eine komplette Neuanlage – dann wird es perfekt.
- Die frischgrüne Formschnitthecke wurde neu gepflanzt und wird auf die gewünschten Ausmaße gebracht und dort gehalten.
- Eine Neugestaltung fällt vielen bei der Planung leichter. Meist beeinträchtigen große Bäume und Nachbargebäude die Ideenfindung aber dennoch.

KOSMOS
SOFORTHELFER

Die Frage, ob der Garten komplett neu gestaltet werden soll, ist manchmal nur schwer zu beantworten. Manchmal hilft es schon, vorhandene Sträucher, Stauden und Rosen durch Umpflanzen neu zu ordnen. Auch Bodenbeläge am falschen Platz können vielleicht zwischengelagert und an anderer Stelle eingebaut werden. Erfahrene Gartenfreunde und Profis geben sicher gern Tipps dazu.

Teilweise ändern

- Eine Umgestaltung ist meist der schwierigere Planungsweg. Ein Rosenliebhaber wird versuchen, vergreiste Pflanzen durch eigene Lieblingssorten zu ersetzen.
- Seinen eigenen Stil kann man recht schnell mit neuen Deko-Artikeln wie einer Steinsäule in den Garten einbringen, ohne ihn komplett umzugestalten.

Vorhandene Qualitäten

- Diese saftiggrüne Buchseinfassung als Achse sollte bei einer Umgestaltung erhalten bleiben. Statt Rasenweg gibt es vielleicht Kies?
- Auch ein Obstbaum bleibt in neuer Umgebung stehen. Beispielsweise könnte beidseits des Wegs ein Selbstversorgergarten entstehen.

PLANUNG VORWEG

WOMIT
BEGINNE ICH?

- **Inspirationen sammeln:** in Büchern & Magazinen.
- Eigenen Stil finden.
- Grundlagen skizzieren.
- Abgleich von Möglichkeiten & Wünschen
- Budget feststecken.
- **Einkaufs- & Beschaffungsmöglichkeiten klären:** Gärtnerei, Baumschule, Baumarkt, Gartencenter, Tauschbörsen (auch online), Gartenmärkte.
- Einkaufsliste erstellen.

WIE
PLANE ICH DEN ABLAUF?

- **Größere Baumaßnahmen zuerst anpacken:** Teich, Wege, Mauern ...
- Sichtschutz bauen oder pflanzen.
- Terrasse und Sitzplätze bauen.
- Große Gehölze pflanzen, die lange zum Wachsen brauchen.
- Stauden- & Gräserbeete anlegen.
- Rasenfläche anlegen, wenn Rasen erwünscht.
- Temporäre Wege & Flächen anlegen, z. B. mit Rindenmulch.

Gut sortierte Gärtnereien

- In Gartenabteilungen großer Baumärkte lassen sich gelegentlich gute Schnäppchen beim Pflanzenkauf machen. Mit einem durchdachten Gartenkonzept in der Tasche sind spezialisierte Betriebe wie Baumschulen, Staudengärtnereien und gut sortierte Gartencenter im Übrigen die bessere Wahl.
- Es gibt nicht nur ein viel breiteres Spektrum an Pflanzen, sondern auch eine fachlich fundierte Beratung. Gerade für Gartenanfänger ist Letzteres empfehlenswert. Wenn Sie noch keine konkreten Pflanzenwünsche haben, schildern Sie Ihre Vorstellungen und Standortbedingungen.

KOSMOS

SOFORTHELFER

Tragen Sie auf einem Blatt Papier maßstabsgetreu alle unveränderlichen Gegebenheiten und Gebäude wie Gartengrenze, Wohnhaus, Garage und Schachtdeckel ein – das meiste können Sie dem Bebauungsplan entnehmen, den Rest manuell nachmessen. Darauf fixieren Sie Bögen von Transparentpapier oder Butterbrotpapier und können Ihre Ideen beliebig oft in die Grundlage hineinskizzieren.

Ein schnell angelegter Weg

- Wenn das Budget nicht reicht, alle größeren Baumaßnahmen in einem Rutsch zu erledigen, kann ein schnell und preiswert angelegter Weg aus Schotter oder Rindenmulch beispielsweise als dekoratives Provisorium dienen, bis...

Aufwendig, aber dauerhaft

- ...die Mittel für einen gepflasterten Weg oder eine Variante mit Natursteinplatten wieder vorhanden sind.
- Ein derart ausgeformter Weg ist aufwendig und wird so schnell nicht wieder verändert.
- Der Wegeverlauf kann aber zuvor schon mit dem provisorischen Weg ausgiebig getestet werden.

LOS GEHT'S!

WAS
BRAUCHE ICH ALS ERSTES?

- **Baumaterial:** nach Bedarf Mauersteine, Holzlatten, Sichtschutzelemente, Zement und Sand für Betonfundamente, Weg- und Terrassenbelag, Kantensteine, Baumpfähle und Kokosstrick.
- **Pflanzen:** Bäume, Sträucher, Stauden, Gräser, Rasensaat.
- **Werkzeuge:** Schubkarre, Schaufel, Spaten, Rechen, Gartenschere, Eimer, Gießkanne.
- Dünger, Pflanzerde, Kompost, Spezialerden (z. B. für Rhododendron).

WIE
STARTE ICH?

- Übertragen des gezeichneten Plans auf den Garten – ggf. mit Schnüren und Stangen abstecken.
- Angebote & Mengenrabatte nutzen
- Landschaftsgärtner & andere Handwerker für schwere Arbeiten engagieren (Preise vergleichen und Nachbarn nach Erfahrungen fragen!).
- **Schritt für Schritt:** nicht alle Projekte zugleich beginnen, sondern Zwischenerfolge verbuchen – das motiviert!

Bauvorhaben durchplanen

- Für jedes einzelne Vorhaben lohnt es, vorab einen detaillierten Plan zu erstellen. Zögern Sie nicht, sich dazu fachlichen Rat einzuholen.
- Dann geht's los: Materialart und Menge kalkulieren, Platz zum Lagern des Materials auf- und freiräumen und notwendige Geräte bereithalten.
- Transport des Materials beispielsweise durch Baustoffhändler oder mit geliehenem Anhänger klären.
- Arbeitszeit abschätzen und mögliche Helfer gewinnen. Kräftige und handwerklich geschickte Helfer sind ebenso willkommen wie solche, die sich um die Verpflegung während der Arbeit kümmern.

KOSMOS
SOFORTHELFER

Vor allem zu Beginn der Gartengestaltung kommen höhere Kosten für Material und Pflanzen zusammen. Warten Sie mit weniger dringenden Dingen, bis Sie passende Sonderangebote finden. Bei saisonabhängiger Ware wie Pflanzen lohnt ein Blick in den Ausverkauf. Setzen Sie auf Zeit und greifen lieber zu preiswerten Jungpflanzen, beispielsweise für die Hecke, als zu ausgewachsenen.

Teilerfolge motivieren

- Auch wenn vom Bauablauf her die größeren Dinge zuerst erledigt sein sollten – gönnen Sie sich gelegentlich eine kleine Belohnung. Mit zwischendrin eingebauten, kleineren Projekten, die den größeren später natürlich nicht im Wege sein dürfen, kommen Sie dem Ziel sichtbar ein Stück näher.
- Clever ist es, frühzeitig einen Sitzplatz fertigzustellen, von dem aus sich bei einer Arbeitspause die geleistete Arbeit an den großen Projekten begutachten lässt – Vesperpause inklusive.
- Achten Sie darauf, alle Beteiligten nach ihren Fähigkeiten einzusetzen und nicht zu überfordern.

DIE
15

SICHTSCHUTZ

DER GARTEN WIRD HEUTZUTAGE VIELFACH ALS ERWEITERTES WOHNZIMMER IM FREIEN ANGESEHEN. TERRASSE UND ZUSÄTZLICHE SITZPLÄTZE IM GARTEN MÖCHTE MAN VERSTÄNDLICHERWEISE UNGESTÖRT VON UNERWÜNSCHTEN ZAUNGÄSTEN GENIESSEN KÖNNEN. DIE KUNST LIEGT DARIN, DEN SICHTSCHUTZ OPTISCH ANSPRECHEND IN DEN GARTEN ZU INTEGRIEREN.

SEITLICH BLICKDICHT

Wenn nicht bereits beim Bau der Wohnhäuser ein Sichtschutz zur Trennung benachbarter Terrassen gebaut wurde, lässt der Bebauungsplan meist Spielräume für die Grenzgestaltung.
Mauern und dichte Sichtschutzwände erfüllen ihren Zweck exzellent, können jedoch in kleinen Gärten überdimensioniert wirken. Ein halbdurchlässiges Spalier bietet das Gefühl der Geborgenheit und schottet zugleich nicht vollständig ab.

FÜR PFLANZENFREUNDE

Pflanzenliebhaber greifen statt gebauten Varianten eher zu pflanzlichen. Eine Formschnitthecke, z. B. aus Hainbuche, ist relativ schmal und dennoch undurchdringlich. Zudem ist eine Hecke ein wertvoller Lebensraum. Die Kombination aus Zäunen und Mauern mit Kletterpflanzen ist ebenfalls eine elegante gärtnerische Lösung.

SCHUTZ VON OBEN

In enger Bebauung und zugleich als Sonnenschutz ergänzen Sie den Schutz des Gartens am besten mit Sonnenschirmen und -segeln. Damit kann Ihnen auch aus höheren Etagen in der Nachbarschaft niemand etwas vom Teller gucken.
Eine berankte Pergola schafft überdies einen luftigen Raum im Freien, der zu den sensiblen Seiten hin und nach oben begrünt oder mit Stoffen blickdicht bespannt werden kann.

HOLZWÄNDE & ZÄUNE

WELCHE
MATERIALIEN SIND MÖGLICH?

- **Holz:** Edel-Kastanie, Lärche, Robinie, Douglasie, Kiefer, Fichte, Eiche.
- **Kunststoff:** auf UV-Beständigkeit achten
- **Metall:** Eisen, Edelstahl, Cortenstahl, Aluminium.
- **Zweige & Äste:** Weide, Hasel, Heidekraut, Bambusrohr.

WELCHE
BAUWEISEN WIRKEN WIE?

- **Querlatten:** optisch breit und dicht.
- **Vertikal montierte Latten:** erscheinen hoch, aber elegant.
- **Diagonal gebaut:** lockert einen Sichtschutzzaun optisch auf.
- **Flechtwerk:** verspielt & rustikal.
- **Oberseite wellenförmig:** weniger streng.

Dichter Zaun zur Straße

- Dicht befahrene Straßen und andere unattraktive Umgebungen sollten mit einem blickdichten und ausreichend hohen Sichtschutzzaun so weit wie möglich ausgeblendet werden. Im Vorgarten kann beispielsweise ein hoher Lattenzaun für Ruhe sorgen.

Leichter Zaun zum Nachbarn

- Weniger abweisend wirkt ein leichter Zaun zum Nachbarn. Kleine Lücken hier und da stören nicht so sehr. Flechtzäune wie der selbst geflochtene Weidenzaun wirken natürlich und lassen sich entsprechend dekorieren. Auch mit Hasel, Bambus, Schilf oder Heidekraut erhältlich.

KOSMOS SOFORTHELFER

Oft sieht man zwei Hecken oder Zäune, die, parallel an der Gartengrenze angelegt, gleich doppelt für Sichtschutz sorgen. Jeder Nachbar hat hier wohl für sich die beste Variante gefunden. Dieses Vorgehen lässt sich bei Neubauten am leichtesten optimieren. Sprechen Sie sich nach Möglichkeit mit den Nachbarn ab und teilen Sie Kosten und auch Platz für eine gemeinsame Gartengrenze.

Kreative Ideen

- Blickdicht, aber trotzdem nicht beengend – versuchen Sie sich künstlerisch und malen ein Bild darauf, das Weite vorspiegelt.
- Wem das zu schwer erscheint, der kann auch mit einfachen Blumenbildern, Wolkenhimmel oder Ähnlichem stimmungsvolle Bilder schaffen.

Begrünte Zäune

- Klassischerweise kann man Zäune und Wände aller Art mit Kletterpflanzen verschönern und zugleich optisch in den Garten einbinden.
- Echter Wein, Wilder Wein, Clematis und Efeu sind beliebte Kletterpflanzen, die nach und nach Besitz vom Sichtschutz ergreifen.

BLICKDICHTE MAUERN

WELCHE
MAUERN GIBT ES?

- Klinker
- Naturstein
- Verblendsteine
- Trockenmauer
- Verputzte Wand
- Drahtgitterkörbe (Gabionen)
- Betonwand

WER
KANN MAUERN BAUEN?

- Maurer
- Garten- & Landschaftsbauer
- **Ich selbst:** je nach Fähigkeiten Trockenmauern bis etwa 75 cm Höhe, Gabionen.

Verputzte Mauern

- Glatt verputzte Mauern lassen sich mit Farbe toll in Szene setzen. Ein warmer Rotbraunton sorgt für Gemütlichkeit, mit Weiß können Sie kleine Räume optisch vergrößern. Für welche Farbgebung Sie sich entscheiden – die absolut dichte Wirkung der Mauer bleibt davon unberührt.
- Den Bau einer Mauer sollten Sie einem Fachmann überlassen. Dieser kann Sie auch hinsichtlich der Höhe und eines dekorativen Mauerabschlusses beraten. Dachziegel auf der Mauerkrone lockern beispielsweise die Optik der Mauer auf und soregn für mediterranes Flair.

KOSMOS
SOFORTHELFER

Um das Gewicht hoher Sichtschutzmauern stützen zu können, ist in jedem Fall ein stabiles und frostsicheres Betonfundament erforderlich. Breite und Tiefe des Fundaments richten sich nach Ausführung und Maßen der Mauer. Überlassen Sie diese Arbeit unbedingt Fachleuten wie Maurern und Garten- und Landschaftsbauern, die mit dem entsprechenden Know-how ausgestattet sind.

Natursteinmauern

- Einen robusten Charme haben Mauern aus Naturstein. Dabei können Sie aus einer großen Auswahl Steinarten wählen: Sandstein, Kalkstein, Granit, Schiefer und mehr gibt es in zahllosen Farbnuancen. Klinker sind gebrannte Steine, die eine ähnliche Ausstrahlung haben.
- Als Trockenmauer gebaut, also ohne bindenden Mörtel, oder mit Mörtelfugen ist eine Frage des Geschmacks und gewählten Materials. Verblender sind dünne Natursteine, die optisch wirkungsvoll auf eine Betonwand aufgetragen werden.

TRANSPARENTER SICHTSCHUTZ

WELCHE
TRANSPARENTE MÖGLICHKEITEN GIBT ES?

- Zäune
- Steinstelen & Säulen
- Spaliere
- Sichtschutzwände mit Gitterfenstern
- Kletterpflanzen
- Sträucher
- Glas & Kunststoffe, gefärbt und Milchglasvarianten

Geborgenheit am Sitzplatz

- Keiner sitzt im eigenen Garten gern auf dem Präsentierteller. Daher sind die entscheidenden Bereiche, die es zu schützen gilt, Terrasse und Sitzplätze im Garten.
- Das richtige Maß zum Einigeln zu finden, ist die eigentliche Herausforderung. Von hohen Mauern umgeben, kann es leicht beklemmend wirken.
- Die Wahl fällt eher auf einen leicht durchlässigen Sichtschutz wie Flechtzäune. Kombiniert mit Sträuchern wird die Nische gemütlich. Auch die Höhe ist entscheidend: Damit man im Sitzen geschützt ist, reichen 1,25 – 1,50 m.

Teilweise offen

- Für eine schützende Wirkung muss ein Sichtschutz nicht durchgehend sein. Aufgestellte Steinplatten vermitteln beispielsweise einen gefühlten Raum, obwohl man durch die Lücken hindurchsehen kann.
- Mit Pflanzen lassen sich die Einblicke noch reduzieren.

Kletterpflanzen

- Gitter und Spaliere lassen sich mit Kletterpflanzen wie Wildem Wein verschönern. Im Sommer, wenn der Sitzplatz am meisten genutzt wird, ist auch die schützende Wirkung durch das üppige Blattwerk am größten.
- Immergrüner Efeu sorgt ganzjährig für ein grünes Kleid.

FLECHTWERK & PARAVENTS

WELCHES
MATERIAL IST GEEIGNET?

- Holz
- Kunststoff
- Aluminium
- Geflochtene Zweige (Weide, Hasel, Schilfrohr)
- Bambus
- Stoff

WO KANN ICH
EINEN PARAVENT AUFSTELLEN?

- Terrasse
- Sitzplatz im Garten
- Pool – als mobile Umkleidekabine
- Schmuddelecke

Natürliche Flechtzäune

- Beliebt zum Selbermachen, aber auch als Fertigelemente im Handel, bringen Flechtzäune ländlich-natürliches Flair in den Garten.
- Häufig werden Weiden- und Haselruten verwendet. Möglichst frisch sollten die Zweige zum Flechten sein und mindestens einen Tag eingeweicht. Dadurch sind sie biegsam. Dünne Zweige kann man an den Enden jeweils ein Stück zurückflechten.
- Als Pfosten eignen sich dicke Äste, Holzpfosten oder Eisenstangen.
- Die Höhe ist frei wählbar und Bögen und Fenster lassen sich gut integrieren.

Mobile Paravents

- Zunächst als Windschutz konzipiert, haben sich Paravents im Garten als praktischer und flexibler Sichtschutz etabliert.
- Wer nur gelegentlich einen Sichtschutz benötigt, ist mit einem Paravent gut beraten: schnell aufgeklappt und ebenso schnell wieder verstaut.
- Von dauerhaften Modellen aus Holzlatten abgesehen, die lediglich die Optik eines typischen Paravents haben, ist das geringe Gewicht ein großer Vorteil. Allein oder zu zweit können Sie die geflochtenen Elemente, mit Tuch bespannten Rahmen oder Kunststoffmodelle leicht bewegen.

SONNENSEGEL

WORAUF

MUSS ICH ACHTEN?

- **Stabile Halterung in der Wand:** Bohrung, Haken; Mieter müssen vorab klären, ob die Montage erlaubt ist.
- **Stabile Haltestangen im Boden:** Fundament nötig.
- Windsicherheit.
- Witterungsbeständigkeit.
- Einfache Bedienbarkeit.
- Höhenverstellbarkeit, wenn erwünscht.
- Die Position des Segels ist nicht variabel – prüfen Sie vor dem Aufbauen den Lauf der Sonne an Sommertagen, damit das Segel zur rechten Zeit Schatten spendet.

Freistehende Segel

- Drei- oder mehreckige Segel können an Stangen im Garten gespannt werden. Die wirkenden Kräfte, unter anderem Zugkräfte und Wind, machen ein sicheres Fundament und stabile Stangen notwendig. Der Bau ist nur durch Fachleute zu empfehlen.
- Der Stil ist meist maritim oder modern. Mit Stangen aus Bambusrohr lässt sich auch eine asiatische Anmutung erzeugen.
- Hochwertige Modelle verfügen über Kurbelsysteme oder Hydraulik, mit denen die Höhe und der Winkel leicht verstellt werden können.

KOSMOS
SOFORTHELFER

Auf Terrassen und Balkonen ist Stellfläche rar und kostbar. Ein Sonnenschirm mit schwerem Fuß kann dort problematisch zu platzieren sein. Zugleich lässt sich der Schirm oft nicht so ausrichten, dass Sonne und unerwünschte Einblicke ferngehalten werden. Eine gute Lösung sind Wandschirme mit schwenkbarem Gelenkarm – eine stabile Verankerung in der Hauswand vorausgesetzt.

Montage an der Hauswand

- Ein kombiniertes Haltesystem aus Wandhaken und im Garten stehenden Stangen ist für Sonnensegel auf der Terrasse ideal. Ähnlich einer Markise, nur eleganter, lässt sich damit Schatten auf den Sitzplatz werfen.
- Die Befestigung in der Hauswand ist – genau wie die der Stangen – nur von Fachleuten durchzuführen. Leicht reißen zu schwache Haken aus der Wand.
- Als Zusatznutzen schützen Segel auch vor Einblicken von oben und robuste Stoffe vor Regen.

SICHTSCHUTZ NACH OBEN

WO IST SICHTSCHUTZ NACH OBEN SINNVOLL?

- Reihenhaus
- Doppelhaushälfte
- Enge Bebauung, z. B. mehrstöckige Nachbarhäuser
- Hanglage

WELCHE MÖGLICHKEITEN GIBT ES?

- Sonnensegel
- Sonnenschirm
- Markise
- Berankte Pergola
- **Baumkronen:** schirm- und kugelförmiger Wuchs, ausladende Krone, an Spalieren gezogene waagrechte Kronen.

Der Klassiker: Sonnenschirm

- Vorteil von Sonnenschirmen ist ein flexibler Standort. Je nach Bedarf richtet man sie gegen die Sonne oder neugierige Nachbarn aus. Ausreichende Größe für Essplatz oder Liegestuhl kalkulieren.
- Große Modelle und Schirme mit Schwenkarm kann man zur Sicherheit mit Fundament im Boden verankern.

Der Grüne: Baumkronen

- Kugel-Robinie und Kugel-Ahorn, aber auch schirmförmig gezogene Platanen bieten sich als grünes Dach über einer Terrasse an.
- Vorsicht bei Obstbäumen und Kastanien, die schwere Früchte fallen lassen und bei Linden, die eine klebrige Flüssigkeit absondern.

Der Fröhliche: Sonnensegel

- Es lebe die Spontaneität! Sommerzeit ist Grillzeit, aber mittags heizt die Sonne zusätzlich ein. Ein mobiles Stoffsegel an Holzpfosten schafft schnell Abhilfe. Außerdem schaffen Sie sich und Ihren Gästen damit eine kleine, private Nische im Freien.
- Nach der Feier gleich wieder einräumen, denn Wind oder Regen haben hier leichtes Spiel beim Abriss.
- Gekonnt sind Farben und Muster von Stoffen, Mobiliar und Sichtschutzwand aufeinander abgestimmt.

KOSMOS
SOFORTHELFER

Ob Mauer, Zaun oder Pergola – werfen Sie vor der Planung einen Blick in den B-Plan (Bebauungsplan) Ihres Grundstücks. Dort ist genau geregelt, welche Höhen und Grenzabstände erlaubt sind. Gegebenenfalls müssen Sie auch andere örtlich geltende Richtlinien zurate ziehen und eine Baugenehmigung einholen. Gut vorbereitet sparen Sie sich unnötige Nachbarschaftsstreitigkeiten.

EINJÄHRIGE KLETTERPFLANZEN

Glockenrebe

(Cobaea scandens)

Aussehen

- Höhe bis 300 cm, Blüten violettblau oder weiß (Sorte 'Alba'). Blüht von Juli bis Oktober. Dichter Wuchs.

Pflege

- Aussaat im zeitigen Frühjahr. Vorgezogene Pflanzen Mitte Mai nach draußen stellen, bis zum Sommer reichlich düngen, im Hochsommer weniger düngen. Reichlich gießen.

Tipp

- Wächst schnell und dicht – toll im Terrassenkübel.

Prunkwinde

(Ipomoea tricolor)

Aussehen

- Höhe bis 300 cm, Blüten rotviolett bis violettblau. Blüht von Juli bis Oktober. Dekorative Blätter.

Pflege

- Aussaat im zeitigen Frühjahr. Vorgezogene Pflanzen Mitte Mai nach draußen stellen und wöchentlich düngen. Reichlich gießen.

Tipp

- Blüte ist vormittags am schönsten. Liebt sonnige und warme Standorte.

Duft-Wicke

(Laythurus odoratus)

Aussehen

- Höhe bis 200 cm, Blüten weiß, rosa, blauviolett, bunte Mischungen. Blüht von Juni bis September. Eher lockerer Wuchs.

Pflege

- Aussaat im Frühjahr. Vorgezogene Pflanzen Mitte Mai nach draußen stellen und 1 Mal pro Monat düngen. Reichlich gießen.

Tipp

- Aussaat im April direkt im Freien möglich.

Schwarzäugige Susanne

(Thunbergia alata)

Aussehen

- Höhe bis 200 cm, Blüten cremeweiß, orange oder orangerot, meist mit dunkler Mitte. Blüht von Juli bis Oktober. Dekorative Blätter.

Pflege

- Aussaat im zeitigen Frühjahr. Vorgezogene Pflanzen Mitte Mai nach draußen stellen und 1–2 Mal pro Monat düngen. Reichlich gießen.

Tipp

- Beliebte Art, die ab April in jeder Gärtnerei vorgezogen angeboten wird.

Rosenkelch

(Rhodochiton atrosanguineus)

Aussehen

- Höhe bis 150 cm, Blüten außen rosa, innen purpur. Blüht von Juli bis Oktober. Blüten halten lange.

Pflege

- Aussaat Anfang Februar. Vorgezogene Pflanzen Mitte Mai nach draußen stellen und 1–2 Mal pro Monat düngen. Reichlich gießen.

Tipp

- Aussaat schon sehr früh im Jahr, denn die Pflanze braucht lange bis zur Blüte.

Kapuzinerkresse

(Tropaeolum majus)

Aussehen

- Höhe bis 100 cm, Blüten orange oder gelb. Blüht von Juni bis Oktober. Wächst kriechend, hängend oder kletternd.

Pflege

- Aussaat im Mai direkt vor Ort. Wenig Dünger. Wenig gießen. Von Blattläusen befallene Triebe abschneiden.

Tipp

- Blüten und junge Blätter sind essbar. Frische Samenkörner sind eingelegt ein leckerer Kapernersatz.

MEHRJÄHRIGE KLETTERPFLANZEN

Trompetenblume

(Campsis × tagliabuana)

Aussehen

- Höhe bis 8 m, Blüten orange oder orangerot. Blüht von Juli bis Oktober. Exotischer Charme. Schlingt und klettert mit Haftwurzeln.

Pflege

- Nur bei längerer Trockenheit wässern. Rückschnitt langer Seitentriebe im zeitigen Frühjahr regt Blütentriebe an.

Tipp

- Wärme liebende Art. Junge Pflanzen im Winter mit Reisig oder Laub schützen.

Clematis

(Clematis-Hybriden)

Aussehen

- Höhe 3–4 m, große Blüten, weiß, rosa, blau, violett, purpur. Einmal blühende Sorten ab Juli. Mehrmals blühende Mai/Juni und August/September.

Pflege

- Pflanzung: mind. 5 cm tiefer als Oberkante des Ballens. Schnitt: mehrere Schnittgruppen – beim Kauf den richtigen Schnitt erfragen.

Tipp

- Viele Clematis-Arten mit stark unterschiedlichem Wuchsverhalten im Handel erhältlich.

Efeu

(Hedera helix)

Aussehen

- Höhe bis 20 m (!). Blüte nur an Altersform, unscheinbar im September/Oktober, Bienenweide. Immergrüner Blattschmuck.

Pflege

- Pflanzung an große Wände und Sichtschutzelemente. Entfernen der Haftwurzeln mühsam. Nur an intaktes Mauerwerk setzen.

Tipp

- Braucht zwei bis drei Jahre zum Etablieren, dann schnellwüchsig.

Kletter-Hortensie

(Hydrangea petiolaris)

Aussehen

- Höhe bis 10 m, große Blüten creme-weiß. Blüht im Juni/Juli. Dekorative Blätter mit gelber Herbstfärbung.

Pflege

- Pflegeleicht. Rückschnitt erfrorener Triebe im Frühjahr. Pflanzung im Schatten und halbschattigen Lagen. Keine Kletterhilfe nötig.

Tipp

- Vertrocknete Blüten sehen lange nach der Blütezeit noch dekorativ aus.

Geißblatt

(Lonicera-Arten)

Aussehen

- Höhe 2–3 m, Blüten gelb, orange oder weiß-rosa. Blüht je nach Art von Mai bis September. Beerenschmuck.

Pflege

- Kahle Triebe im Frühjahr radikal schneiden. Halbschattige Standorte vorteilhaft. In der Sonne bei Trocken-heit gießen.

Tipp

- Beeren sind leicht giftig. Manche Arten duften angenehm.

Wilder Wein

(Parthenocissus-Arten)

Aussehen

- Höhe bis 20 m (!). Blüten unscheinbar, blaue Früchte nicht essbar. Blatt-schmuck: intensive orange bis rote Herbstfärbung.

Pflege

- Pflanzung an große Wände und Sichtschutzelemente. Entfernen der Haftwurzeln mühsam. Nur an intaktes Mauerwerk setzen.

Tipp

- Wächst auch auf sandigen Böden gut.

DICHTE HECKENPFLANZEN

Feld-Ahorn

(Acer campestre)

Aussehen

- Sommergrüne, dekorative Blätter. Herbstfärbung gelb. Blüte im Mai unauffällig gelbgrün.

Pflege

- Pflanzung: 2–3 Stück/lfm. Rückschnitt: bis Ende Februar, bei Bedarf zweiter Schnitt im Juli.

Tipp

- Sehr robustes Laubgehölz in Sonne und Halbschatten, windfest und hitzeverträglich. Wirkt nie ganz streng formal.

Hecken-Berberitze

(Berberis thunbergii)

Aussehen

- Höhe bis 2 m, Blüten gelb im Mai. Laub grün oder rot (Sorte 'Atropurpurea'). Sehr dichter Wuchs.

Pflege

- Pflanzung: 3 Stück/lfm. Rückschnitt: bis Ende Februar, bei Bedarf zweiter Schnitt im Juli.

Tipp

- Dornen wirken abwehrend – undurchdringlich im Vorgarten.

Hainbuche

(Carpinus betulus)

Aussehen

- Höhe bis 4 m. Dichte, grüne Belaubung. Braunes Herbstlaub hält teilweise über den Winter an der Pflanze. Dadurch auch im Winter Sichtschutz.

Pflege

- Pflanzung: 3 Stück/lfm. Rückschnitt: bis Ende Februar, zweiter Schnitt im Juli. Sehr schnittverträglich, auch ins alte Holz.

Tipp

- Ideal für Heckenbögen und Durchgänge.

Rot-Buche

(Fagus sylvativa)

Aussehen

- Glänzend grünes Laub. Gelbbraune Herbstfärbung hält dekorativ über den Winter an der Pflanze. Dadurch auch im Winter Sichtschutz.

Pflege

- Pflanzung: 3 Stück/lfm. Rückschnitt: bis Ende Februar, zweiter Schnitt im Juli. Sehr schnittverträglich, auch ins alte Holz.

Tipp

- Eine attraktive, rotlaubige Sorte ist die Blut-Buche 'Atropurpurea'.

Liguster

(Ligustrum)

Aussehen

- Höhe bis 4 m, Blüten weiß, blüht Juni/Juli. Blätter werden im Herbst abgeworfen.

Pflege

- Pflanzung: 3 Stück/lfm. Rückschnitt: bis Ende Februar, zweiter Schnitt im Juli. Sehr schnittverträglich, auch ins alte Holz.

Tipp

- Die Ligustersorte 'Atrovirens' ist wintergrün, d.h. sie behält einen Teil der Blätter in grünem Zustand bis zum Neuaustrieb im Frühjahr.

Eibe

(Taxus baccata)

Aussehen

- Höhe bis 4 m, unscheinbare Blüten, aber auffallend rote Beeren. Dunkelgrüne Nadeln, immergrün.

Pflege

- Pflanzung: 3 Stück/lfm. Rückschnitt: bis Ende Februar, zweiter Schnitt im Juli. Sehr schnittverträglich, auch ins alte Holz.

Tipp

- Aus Eiben lassen sich mit etwas Geduld gut Formen und Figuren ziehen.
- Achtung: Pflanze ist giftig, vor allem die Samen.

DIE 25 SCHNELLSTEN ANTWORTEN

SITZPLÄTZE & WEGE

WER SEINE TERRASSE UND WEGE NICHT NUR MIT FÜSSEN BETRETEN WILL, SONDERN SIE ALS GESTALTERISCHEN TEIL DES GARTENS ERKENNT, SOLLTE SICH ÜBER DIE WIRKUNG UNTERSCHIEDLICHER MATERIALIEN KLAR WERDEN. EINE OPTISCH ANSPRECHENDE UND ZUGLEICH CLEVERE WEGEFÜHRUNG KÖNNEN SIE GENAUSO PLANEN WIE DAS PASSENDE TERRASSENMOBILIAR.

BODENBELÄGE IN FORM GEBRACHT

Je nach Gartengröße kann Ihre Terrasse leicht ein Drittel oder die Hälfte der Gesamtfläche ausmachen. Umso wichtiger, dass Sie weder an der Planung noch am Material sparen. Eine Terrasse muss nicht klassisch rechteckig gebaut werden, sondern kann rund oder informell gestaltet werden.
Stimmen Sie den Bodenbelag von Wegen auf die Terrasse ab. Zu viele verschiedene Materialien lassen den Garten leicht unruhig wirken.

DAS PASSENDE MATERIAL

Im Trend liegen Sie mit einer Holzterrasse. Sie vermittelt eine warme Atmosphäre und natürliches Flair.
Holz lässt sich angenehm barfuß begehen.
Naturstein ist von zeitloser Attraktivität und enorm beständig. Steinplatten speichern die Sonnenwärme.
Wassergebundene Wegedecken und Kiesflächen wirken leicht und überzeugen durch verhältnismäßig geringen Preis. Allerdings sind sie nicht so haltbar wie die vorgenannten Beläge.

GESTALTUNG MIT WEGEN

Mit Wegen lassen sich Blickachsen realisieren. Damit können Sie Ihren Garten optisch strecken. Am Ende eines Weges kann eine Statue locken und zum Rundgang einladen.
Legen Sie Wege nicht breiter als nötig an, denn Platz ist kostbar. Mitunter reichen im Rasen oder im Beet verlegte Trittsteine, um trockenen Fußes ans Ziel zu kommen.

DIE RICHTIGE GRÖSSE

WOVON HÄNGT
DIE GRÖSSE DES SITZPLATZES AB?

- Anzahl der benötigten Sitzplätze
- Mögliche Erweiterung für Gäste
- Zur Verfügung stehender Platz.
- **Nutzung:** als Esstisch, Kaffeetafel, Leseecke usw.
- **Optische Gründe:** Relation zur Gartenfläche, z. B. statt mickriger Restfläche besser ganze Fläche als Sitzplatz gestalten.

WELCHE
PLATTENGRÖSSE IST DIE BESTE?

- **Terrasse:** Große Formate wirken großzügig, lassen aber den Garten insgesamt kleiner erscheinen.
- **Sitzplatz im Garten:** Kleinere Steine erzeugen Gemütlichkeit. Man kann Kreise damit gestalten.

Schmal, aber breit genug zum Sitzen

- Sogar ein schmaler Durchgang zwischen Haus und Gartengrenze reicht, um einen kompletten Sitzplatz zu verwirklichen. Der klaren Kante am Haus steht hier eine farbenfrohe Bepflanzung in halbrunden Hochbeeten gegenüber.
- Die Fläche dient je nach Bedarf als Sitzfläche oder als Durchgang in den Gartenbereich.
- Das einfache Betonpflaster wirkt in der kleinteiligen Gestaltung mit unterschiedlichen Formaten recht ansprechend.
- Eine Zier-Kirsche überdacht den Sitzplatz und verleiht ihm zusätzlich Gemütlichkeit.

Runde Sache

- Der Sitzplatz aus Natursteinpflaster erweitert optisch die Terrasse. Während dort eher ein Esstisch stehen kann, ist der kleine Sitzplatz in der Rasenfläche aufs Chillen ausgelegt. Clever: freier Ausblick über die Dächer in die Landschaft.

Unter der Laube

- Eine kleine Laube gibt dem Garten Struktur und dient zugleich als Sichtschutz. Als dekorativer Hingucker, aber doch groß genug für den Nachmittags-Tee zu zweit, schmiegen sich Tisch und Stühle als gemütlicher Sitzplatz darunter.

KOSMOS
SOFORTHELFER

Mit einem zweiten Sitzplatz lässt sich der Garten aus einer anderen Perspektive betrachten. Legen Sie ihn so an, dass er zu anderen Zeiten als die Terrasse in der Sonne liegt oder dann Schatten bietet, wenn es mittags am Haus zu heiß wird. Zugleich dient ein ausgelagerter Sitzplatz, der mit dekorativem Mobiliar und Tischdekoration ausgestattet ist, als Eyecatcher.

FESTE OBERFLÄCHEN

WELCHE
MATERIALIEN GIBT ES?

- Natursteinpflaster
- Natursteinplatten
- Kunststoffsteine in Natursteinoptik
- Klinkerpflaster
- Betonpflaster, mit und ohne Natursteinvorsatz
- Betonplatten, mit und ohne Natursteinvorsatz
- Holzpflaster, Holzplatten
- Baumscheiben

Naturstein

- Der natürliche und beständige Charme von Naturstein steht immer im Vordergrund – unabhängig von der Art der Verlegung. Hier kommt ein Mix sehr unterschiedlicher Formate und Größen in harmonischer Weise zum Einsatz. Orthogonal geschnittene Natursteinplatten sind ebenso attraktiv.

Beton

- Platten und Pflastersteine mit Betonoberfläche sind für einen Terrassenbelag oft nicht gemütlich genug. Mit einem Natursteinvorsatz, also einer dünnen Beschichtung aus feinem Natursteinsplitt, erzielen Sie die Anmutung einer echten Natursteinplatte.

KOSMOS
SOFORTHELFER

In natürlich gestalteten, ländlichen und romantischen Gärten bringen Pflanzen, die Pflaster- und Treppenfugen besiedeln, Flair in den Garten. Lassen Sie der Natur freien Lauf oder setzen Sie gezielt Polster-Thymian, Veilchen, Gelben Lerchensporn und Hauswurz in größere Fugen. Akelei, Frauenmantel und Vergissmeinnicht verwildern gern von allein aus dem Beet in geeignete Nischen.

Holz

- Das Trendmaterial Holz ist zugleich ein Klassiker. Als Terrassenbelag vermittelt es natürliches Flair und ist angenehm zu begehen – auch barfuß.
- Die meisten Holzarten vergrauen schnell, wenn sie unbehandelt sind. Gerade diese Patina ist für viele Gartenbesitzer aber das Nonplusultra.
- Aus ökologischen Gründen empfehlen viele Terrassenbauer heutzutage heimische Holzarten wie Robinie, Lärche oder die preiswerte Douglasie. Tropische Hölzer wie Teak und Bangkirai sind aber dennoch weit verbreitet.

OFFENE OBERFLÄCHEN

WELCHE
MATERIALIEN GIBT ES?

- **Kies:** runde Steine
- **Schotter:** kantige Steine
- Wassergebundene Decke
- Rindenmulch
- Rasen
- Trittsteine
- Pflaster mit großen Fugen
- Rasengittersteine, Rasenwaben & Rasenfugensteine für begrünbare Befestigung für PKW-Stellplatz, Carport- & Garagenzufahrt.

Flache Steine

- Eine Fläche aus flachrunden Steinen ist optisch ansprechend. Man kann sowohl Mobiliar darauf platzieren als auch Bäume in die Fläche integrieren.
- Unkrautwuchs wird durch ein unter dem Belag liegendes Vlies reduziert, aber auf Dauer nicht komplett verhindert.

Trittplatten

- Rasen wird durch Trittplatten zu einer Mischfläche aus Weg und Rasenfläche. Der Plattenabstand soll bequemes Laufen ermöglichen.
- Das Verlegen der Naturstein- oder Betonplatten in eine Bettung aus Sand ist auch für ungeübte Gärtner möglich.

KOSMOS SOFORTHELFER

Gelegentlich sieht man Kiesflächen direkt an Formschnitthecken angrenzen. Das gibt zwar einen schönen Kontrast, die Fläche ist aber schwer vom Schnittgut zu reinigen. Als besonders pflegeleicht werden leider oft Schotter- oder Kiesflächen im Vorgarten angepriesen – ein gestalterisches Armutszeugnis und zudem falsch, denn Laub und Unkräuter verunreinigen die Fläche recht bald.

Kies & Schotter

- Kiesflächen mit rundlichen Steinchen kann man angenehm barfuß betreten. Die Steine knirschen und rutschen beim Gehen typisch.
- Kantig spitze Schotter- und Splittsteine verkeilen sich. Der Belag liegt stabil, gröbere Körnungen sind aber nur mit Schuhwerk komfortabel zu begehen.
- Wassergebundene Decken (Bild oben) haben einen besonderen, verdichteten Schichtaufbau, der allein durch Luftfeuchtigkeit bindet. Meist liegt Schotter als dünne Schicht obenauf.
- Regelmäßig bessert man Auswaschungen aus und erneuert die abgetragenen Steinchen.

PRAKTISCHE GARTENMÖBEL

WORAUF MUSS
ICH BEIM MÖBELKAUF ACHTEN?

- **Platzsparend:** klappbar, stapelbar.
- Geringes Gewicht.
- **Multifunktional:** Truhe & Sitzbank zugleich.
- Langlebigkeit.
- Witterungsbeständigkeit.
- **Ökologischer Wert:** heimische Holzarten statt Tropenholz wie Bangkirai oder Teak.

Relax!

- Der Gipfel der Entspannung – in einer Hängematte den Tag verdösen, ist der Traum vieler Gartenbesitzer. Wer keine zwei Bäume hat, zwischen die er die Matte hängen kann, kann auch Haken in der Hauswand befestigen oder ein frei stehendes Modell aufstellen.

Leicht & flexibel

- Mit leichten Stühlen lässt sich stets das beste Plätzchen im Garten erobern. Folgen Sie dem Sonnenverlauf oder setzen Sie sich immer dorthin, wo es am schönsten blüht.
- Liegestühle mit Rollen lassen sich ebenfalls leicht an einen anderen Standort schieben.

KOSMOS
SOFORTHELFER

Achten Sie beim Mobiliar auf gute Qualität, denn wackelige Stühle, Rost an ungewünschten Stellen und abblätternde Beschichtungen lassen das Hochgefühl, ein Schnäppchen gemacht zu haben, schnell wieder verfliegen. Damit sich die größere Investition für die Terrasse dauerhaft lohnt, ist wiederum sorgfältige Pflege und Schutz der Möbel vor Witterungseinflüssen wichtig.

Klapp- & Stapelmöbel

- Sobald der Winter naht, stellt sich die Frage: Wohin mit dem Mobiliar? Nicht überall ist Platz für ein geräumiges Gartenhaus, in das die Möbel passen. Gut sind klapp- oder stapelbare Möbel: diese lassen sich leichter verstauen.
- Für Gäste kann man ein oder zwei zusätzliche Klappstühle besser lagern.
- Klappmöbel sind manchmal leider auch etwas klapprig – daher vor dem Kauf unbedingt Probesitzen und auf gute Qualität achten, damit der Komfort nicht auf der Strecke bleibt.

WIRKUNG VON GARTENMÖBELN

WIE
KÖNNEN MÖBEL WIRKEN?

- Elegant
- Solide
- Spontan
- Rustikal
- Verspielt
- Gemütlich
- Einladend

WELCHEN
ZWECK ERFÜLLEN SITZPLÄTZE?

- **Essplatz:** Frühstück, Mittag, Tee-/Kaffeetisch, Abendmahl, Grillplatz.
- **Liegeplatz:** Schlummern, Lesen.
- **Blickfang:** Sichtachse, Aufhellen dunkler Nische, Deko-Tisch.
- **Aussichtsplatz:** Blick auf Garten, Blick in die Umgebung.
- **Outdoor-Büro:** Laptop (Lichtreflexionen und WLAN-Empfang prüfen); Ablageplatz für Fachliteratur, Notizen etc.
- Handarbeitsecke.

Fest installiert

- Gute Planung vorausgesetzt, können Sie Mobiliar als festen Bestandteil der Gestaltung einsetzen. Schwere Holz- oder Natursteintische bleiben in der Regel stehen, wo sie einmal aufgestellt wurden. Dafür haben sie auch optisch ein gewisses Gewicht.
- Eine massive Bank aus Stein oder einem schwergewichtigen Material-Mix, z. B. mit Holz, bietet sich als gemütlicher Ausgangs- oder dekorativer Endpunkt einer Sichtachse an. Sie wird mit passenden Belägen und attraktiver Bepflanzung perfekt in Szene gesetzt.

Gut geschützt

- Stilsicher ist die kleine Sitzecke unter Kugel-Trompetenbäumen in Grau und Grün gehalten. Durch die Einfassung mit Formschnitt-Buchs, Hortensie und dunkelgrauer Rückwand wirkt der modern formale Bereich dennoch gemütlich und einladend.
- Bei Esstischen für sechs oder acht Personen ist der Wunsch nach Geborgenheit weniger stark ausgeprägt. Mit Trubel und lauten Gesprächen ist zu rechnen. Da kann eine eng gestaltete Umgebung eher bedrückend wirken – besser an zwei oder drei Seiten offen lassen.

KOSMOS
SOFORTHELFER

Teakmöbel muss man nur ölen, wenn man den braunen Farbton länger erhalten möchte. Ohne Pflegemittel bildet sich bald die von vielen Gartenbesitzern gewünschte silbergraue Optik. Teakmöbel, die der Witterung ausgesetzt sind, sollte man nicht behandeln, da das Öl unregelmäßig und fleckig auswaschen kann. Reinigen lässt sich das Mobiliar mit grüner Seife und warmem Wasser.

WEGE IM GARTEN

WIE LASSEN
SICH WEGE OPTISCH EINSETZEN?

- Sichtachse
- Trennelement mehrerer Gartenbereiche.
- Kombinierte Sitz- & Wegefläche.
- Kurvenreich mit Überraschungseffekten.
- Für sich stehendes Kunstwerk – beispielsweise als Mosaik.
- Mit Fugenpflanzen geschickt in die Bepflanzung integriert.
- Formal gestaltet als Kontrast zu natürlich wilden Beeten.

WIE
BREIT MUSS EIN WEG SEIN?

- Im **Vorgarten mindestens 1,20 m breit:** nebeneinander gehen, Gegenverkehr, Kinderwagen, Rollstuhl usw. einplanen.
- **Weg zum Kompost oder Gartenhaus:** ein halber Meter reicht; evtl. Trittplatten in bequemer Schrittlänge einbauen, die den Weg markieren.
- **Pflegeweg im Beet:** 30 – 50 cm Rindenmulch oder Kies, Alternative: Trittplatten verlegen.
- **Pflaster-, Holz- und Kieswege:** als gestalterische Elemente und Sichtachsen: 50 – 100 cm, je nach individuellem Bedarf und optischen Erwägungen.

Mehr Spannung

- Ein gerader Weg ist – außer für Sichtachsen – in den seltensten Fällen die beste Gestaltungsvariante. Ein sanfter Bogen oder ein verwinkelter Verlauf schaffen spannungsreiche Flächen und strukturieren den Garten.
- Dabei sollte man es aber nicht übertreiben: Bequemes Gehen muss möglich sein und mögliche Abkürzungen durch Beet und Rasen mit Bepflanzung und Accessoires sollten vermieden werden.
- Ein schnurgerader Weg lässt sich durch wechselseitig am Rand platzierte Kübelpflanzen, Hochbeete und Deko-Objekte spannungsreicher gestalten.

KOSMOS
SOFORTHELFER

Auf kleiner Gartenfläche sollte man nicht zu viele verschiedene Bodenbeläge mischen. Harmonischer wirkt es, Weg und Terrasse aus dem gleichen Material zu bauen. Abwechslung können Sie beispielsweise mit verschiedenen Platten- und Pflasterformaten schaffen. Die beiden Gartenbereiche kann man optisch durch einreihige Pflasterstreifen oder große Kantensteine trennen.

Material-Mix

- Vermeiden Sie zu viele Materialien auf kleiner Fläche, aber umgehen Sie zugleich Monotonie. Ein Mix aus zwei Materialien funktioniert meist gut: Mäuerchen und Platten bestehen aus Schiefer, dazwischen lockern kleine Granit-Pflastersteine den Belag auf.

Blick lenken

- Am Ende eines geschwungenen Wegs zieht eine Säule alle Blicke auf sich. Der Weg führt weiter um die Kurve – was wohl als Nächstes kommt? Die Neugier ist geweckt.
- Weiß blühende Pflanzen und Buchskugeln begleiten den Wegeverlauf.

WEGBELÄGE

WELCHE
MATERIALIEN SIND MÖGLICH?

- Natursteinpflaster
- Natursteinplatten
- Kunststoffsteine in Natursteinoptik
- Klinker
- Betonpflaster
- Betonplatten
- Baumscheiben
- Kies und Schotter
- Sand
- Wassergebundene Decke
- Rindenmulch
- Rasen

Kies & Sand

- Wunderbar einfach lassen sich mit losem Kies und feinem Sand Wegeverläufe gestalten. Auf den frei gelegten und geebneten Wegeverlauf legt man zur Trennung der Schichten ein Vlies. Kies oder Sand werden 5–8 cm dick darauf geschüttet – fertig.

Rindenmulch

- Anstelle von Kies und Sand können Sie Rindenmulch verwenden – gehäckselte Baumrinde. Das Material verrottet allerdings schnell, sodass jährlich neuer Mulch ergänzt werden muss.
- Pfiffige Erweiterung: in die Fläche gelegte Baumscheiben als Trittsteine.

Platten & Pflaster

- Große Flächen wie Terrassen können mit Natursteinplatten attraktiv gestaltet werden. Sitzplätze im Garten machen sich mit kleinen Pflastersteinen besser.
- Für Fortgeschrittene: Eine abwechslungsreiche Kombination von großformatigen Platten und kleinen Pflastersteinen.

Trittplatten

- Im Rasen, in Beeten oder Kiesflächen – Trittplatten wirken optisch immer gut. In angenehmer Schrittweite verlegt, machen sie das Schlendern und Gehen auf informellen Wegen zum Genuss.
- Vorgefertigte, runde Natursteine, Betonplatten und selbst gemachte Betonsteine sind gleichermaßen geeignet.

MATERIAL & FUGEN

WIE WIRKEN
MATERIALIEN?

- **Naturstein:** langlebig, authentisch, rustikal, elegant
- **Klinker:** ländlich, norddeutsch, englisch, ruhig, harmonisch
- **Beton:** sachlich, zurückhaltend, hart
- **Kies & Schotter:** natürlich, verspielt, informell
- **Rindenmulch & Baumscheiben:** natürlich, organisch, weich
- **Wassergebundene Decke:** natürlich, informell, hart
- **Rasen:** lebendig, natürlich, frisch

WIE WIRKEN
FARBEN?

- **Weiß:** kühl, erhellt in der Dämmerung
- **Ocker:** natürlich, weich
- **Grau:** sachlich, modern, kühl
- **Anthrazit:** modern, kühl
- **Schwarz:** geheimnisvoll, modern
- **Rot:** warm, angenehm, aufregend
- **Braun:** natürlich, warm
- **Grün:** verbindet Gartenteile optisch, natürlich, ruhig

Musterung

- Wo ein gerader Weg unumgänglich erscheint, kann man mit einem Muster im Belag spannungsreich Abhilfe schaffen: ein Weg im Vorgarten aus unterschiedlichem Naturstein.
- Bei leichtem Gefälle wirkt ein eingebautes Mini-Podest, das sich optisch vom Weg abhebt, ebenfalls gut.

Fugenpflanzen

- Am Wegrand und auf wenig genutzten Flächen kann man mit Pflanzen in Fugen eine enge, optische Verzahnung zu den Beeten herstellen.
- Hauswurz, Polster-Thymian, Sternmoos und Mauerpfeffer sind dafür geeignete Pflanzen. Fugen ab 1 – 2 cm Breite sind Voraussetzung für diese Bepflanzung.

KOSMOS
SOFORTHELFER

Leuchtende und grelle Farben sollte man nur mit Bedacht einsetzen. Sie ziehen einerseits den Blick stark auf sich und verkürzen damit den ohnehin schon kleinen Raum optisch. Andererseits ermüdet das Auge daran auch schnell. Der ungewünschte Effekt: Man hat sich schnell an den zu stark in Szene gesetzten Mauern, Mobiliar oder Dekorationsgegenständen sattgesehen.

Schuppen? – kein Problem.

- Klassische Verlegemuster von Pflastersteinen sind Reihe oder Läufer, Schuppenbogen (Bild), Block, Wilder Verband und Fischgrät.
- Mit farblich abgesetzten Reihen und Einzelsteinen lässt sich der Grundverband zusätzlich dekorativ aufpeppen.

Gemeinsamer Nenner

- Bei einem Material-Mix wirkt es harmonisch, wenn Format, Größe oder Material identisch sind. Die gleiche Farbe, beispielsweise hellgrau, stellt die optische Verbindung ebenfalls gut her.
- Wählen Sie passende Pflanzen mit silbergrauem Blattwerk.

DIE 12

SCHNELLSTEN ANTWORTEN

GARTENGRENZEN

JE KLEINER DER GARTEN, DESTO MEHR MÖCHTE MAN IHN FÜR SICH ALLEIN GENIESSEN. MIT EINER EINFRIEDUNG LÄSST SICH DIE GRENZE ZUM NACHBARGRUNDSTÜCK MARKIEREN. JE NACH BEDARF KOMMEN DABEI OFFENE ODER GESCHLOSSENE VARIANTEN ZUM EINSATZ.

ELEGANTE MAUERN

Um sich nicht einzukesseln, sollten die Gartengrenzen nach Möglichkeit nicht auf ganzer Länge mit hohen, dichten Wänden gestaltet werden. Dennoch lassen sich mit dekorativ gebauten Trockenmauern und verputzen Wänden Akzente setzen.

Wo möglich, sollten benachbarte Flächen optisch mit in die Gestaltung einbezogen werden.

ZAUNGÄSTE

Der sprichwörtliche Blick über den Gartenzaun macht Laune. Nutzen Sie das ruhig aus und entscheiden sich für einen modernen oder ländlich anmutenden Zaun. Lassen Sie den Zaun nicht isoliert stehen, sondern umgeben ihn mit Stauden, Sträuchern oder Rosen. Damit verschwimmt die starre Grenze optisch.

HECKENVIELFALT

Mit Heckenpflanzen lassen sich abwechslungsreiche Gartenränder verwirklichen. Immergrüne und Laub abwerfende Arten können Sie in Form bringen und sowohl niedrige Hecken mit Ausblick als auch hohe, blickdichte einsetzen.

Mit einem Heckenbogen samt Gartentor zwischen zwei Gärten können Nachbarn einerseits ihr eigenes Gartenreich nutzen, aber andererseits leicht Geräte gemeinschaftlich verwenden oder die Urlaubspflege der Pflanzen übernehmen.

GRENZZÄUNE

WELCHE
ZAUNTYPEN EIGNEN SICH?

- Holzlattenzaun
- Lattenrollzaun & Staketenzaun
- Metallzaun
- Maschendrahtzaun
- Steinpfosten mit Holzlatten, Drahtbespannung oder Eisenstreben

WIE
HOCH SOLL MEIN ZAUN SEIN?

- Als Gartengrenze **rein optisch** wirkend: 75–125 cm.
- **Schutz vor Überklettern,** beispielsweise im Vorgarten: 175–250 cm; ggf. mit abwehrenden Spitzen.

Edles Metall

- Der Metallzaun mit Spitzen wirkt optisch und real abwehrend. Verzierungen und Schnörkel lassen ihn dabei elegant erscheinen, die weiße Farbe nimmt ihm etwas von der Strenge. Wilder Wein berankt die Streben, wodurch die Konturen des Zauns optisch verschwimmen.
- Setzen Sie einen solchen Zaun im Vorgarten nur dort ein, wo berechtigte Sorgen vor Eingriffen in Ihre Privatsphäre bestehen.
- Obwohl im Normalfall entweder Hecke oder Zaun ausreichen, ist es hier sinnvoll, eine Hecke zu pflanzen, um den Zaun von innen optisch zu verbergen.

KOSMOS
SOFORTHELFER

Auch wenn es manchmal in den Fingern juckt, Stacheldraht gegen unerwünschte Eindringliche einzusetzen, sollten Sie aus optischen und Tierschutzgründen unbedingt Abstand davon nehmen. Vor allem im kleinen Privatgarten besteht Verletzungsgefahr. Mit Zäunen und Mauern lassen sich sichere, und vor allem attraktivere und ebenso effektive Gartengrenzen anlegen.

Rustikaler Holzzaun

- Als nachwachsender und natürlicher Baustoff ist Holz als Zaunmaterial sehr beliebt. Insbesondere Lattenzäune sind fast überall eine gute Variante. Vertikale Latten lassen den Zaun höher wirken, waagerecht montierte Latten wirken kompakter.

Zweckmäßiger Maschenzaun

- Im Privatgarten ist Maschendrahtzaun heutzutage eher verpönt, da optisch zu sachlich. Bevor Sie jedoch einen vorhandenen, intakten Zaun durch ein zeitgemäßes Modell ersetzen, überlegen Sie, ob nicht eine Verschönerung mit Staudenbeeten oder Hecken einfacher ist.

MAUERN

WELCHE
MAUERVARIANTEN GIBT ES?

- Klinker- oder Ziegelmauer
- Naturstein
- Verblendsteine
- Trockenmauer
- Verputzte Mauer
- Drahtgitterkörbe (Gabionen)
- Betonmauer

WIE
HOCH SOLL MEINE MAUER SEIN?

- **Vorgarten:** je nach Schutzbedürfnis reichen 50 – 150 cm als optische Barriere; ab 175 cm blickt kaum noch ein Passant darüber hinweg.
- **Grenze zum Nachbarn:** nach Möglichkeit niedrig halten (50 – 75 cm), da andernfalls beengte Situation im eigenen Garten entsteht; alternativ höhere Wände mit offenen Strauch- und Heckenpartien abwechseln. Grenzabstände beachten!

Natursteinmauer

- Während man niedrige Trockenmauern stabil ohne Mörtel aufschichten kann, bietet sich für höhere Mauern die Variante mit Bindemitteln an. Um die Optik des Natursteins nicht durch Betonmörtel zu beeinträchtigen, sollten die Mörtelfugen mindestens 2 cm versenkt liegen.
- Damit die Ansichtsfläche der Mauer einen harmonischen Gesamteindruck erhält und zugleich stabil errichtet wird, sind beim Bau außer Gerät und Kraft auch Geschick und Erfahrung nötig. Überlassen Sie diese Arbeit besser Fachleuten.

Verputzte Mauer

- Wer eine Fläche mit ruhiger Ausstrahlung bevorzugt, vor der beispielsweise Pflanzen und Deko-Objekte wirkungsvoll platziert werden sollen, ist mit einer verputzten Wand gut beraten. Weiterer Vorteil: Die Farbe ist frei wählbar.

Ziegelmauer

- Gebrannte und geformte Steine aus Ton nennt man Mauerziegel. Je nach Ausgangsmaterial und eingesetzter Brenntemperatur unterscheidet man Klinker, Ziegel und Backstein. Allen gemeinsam ist eine an Naturstein erinnernde, dekorativ changierende Farbgebung.

HOLZWÄNDE & ZÄUNE

WELCHE
HOLZARTEN SIND GEEIGNET?

- **Lärche:** gute Härte und mäßig haltbar
- **Eiche:** gute Härte und mäßig haltbar
- **Kiefer:** durchschnittliche Härte und mäßig haltbar
- **Fichte:** nur behandelt witterungsbeständig, weich
- **Robinie:** eine der härtesten Holzarten, sehr witterungsbeständig
- **Douglasie:** robuster als Fichte, nur behandelt dauerhaft, preiswert
- **Edelkastanie:** gut witterungsbeständig, biegsam, für Rollzäune verwendet

Dichte Holzwand

- Hohe Holzzäune unterliegen, wie andere Bauwerke und große Pflanzen, der Bauordnung, d. h. ein Blick in den Bebauungsplan ist immer nötig. Zu „normalen" Nachbarn ist ein derart hoher Zaun sicher auch nicht nötig.
- Optisch lässt sich ein Zaun mit Bepflanzung leichter in den Garten integrieren.
- Für lange Haltbarkeit setzen Sie auf entsprechende Holzarten oder behandelte Holzlatten.
- Stützenfüße in Beton verankert halten das Holz von Erdkontakt fern und verhindern vorzeitige Fäulnis.

KOSMOS
SOFORTHELFER

Als natürliches Baumaterial unterliegt Holz einem Alterungsprozess. Bei vielen Holzarten ist gerade die schnell einsetzende graue Patina gewünscht. Um eine hölzerne Sichtschutzwand dennoch möglichst lange zu erhalten, sollten Sie Bodenkontakt des Holzes vermeiden. Verschrauben Sie die Pfosten in Stützenfüße aus Stahl, die in ein Betonfundament eingebaut werden.

Transparenter Holzzaun

- Viele schmale Latten, mit Abstand montiert, sorgen für eine klare Gartengrenze, die dennoch eine gewisse Offenheit mit sich bringt. Diese Variante bietet sich bei wenig frequentierten Außenbereichen an und hält Wildtiere draußen.
- Wenn möglich, lassen Sie die Umgebung Teil des Gartens werden – der offen gehaltene Ausblick beispielsweise auf ein stattliches Landschaftsgehölz entschädigt für die optische Lücke der Gartengrenze. Allerdings wäre diese Lücke für Rehwild kein Hindernis mehr.

DURCHLÄSSIGE GRENZEN

WO BIETET SICH
EIN OFFENER GRENZVERLAUF AN?

- Gutes Nachbarschaftsverhältnis
- Ruhige Wohnlage
- Verkehrsberuhigter Bereich
- Angrenzende Freifläche – jedoch nicht, wenn Gefahr durch Wildverbiss in Waldnähe besteht!

WIE KANN ICH
DIE GRENZE OFFEN GESTALTEN?

- Optisch durchlässige Zäune mit großen Zwischenabständen bauen.
- Einzelne Trennelemente einsetzen, die vom Betrachter visuell verbunden werden.
- Unterschiedlich hohe Bepflanzung mit Beeten an der Gartengrenze.
- Wegeverlauf mit niedriger Einfassung an die Gartengrenze legen.
- Durchgehende Rasenfläche mit Nachbarn absprechen – ideal bei benachbarten Familien mit Kindern.

Staketenzaun

- Die Zäune aus Edelkastanie liegen zurzeit voll im Trend. Sie passen hervorragend in ländlich und natürlich gestaltete Gärten. Auch für andere eher informell gestaltete Anlagen sind sie eine gute Wahl. Attraktiv: Pflanzen wachsen zwischen den Latten.
- Die Zäune werden auf Rollen in unterschiedlicher Höhe und Länge angeboten (Rollzaun). Passende Pfähle gibt es stets extra. Mit einem Vorschlaghammer oder einer Pfahlramme lassen sich diese in den Boden treiben und der Zaun mit Draht daran montieren. Das ist auch für Ungeübte machbar.

KOSMOS
SOFORTHELFER

Ein lockerer Zaun kann als provisorische Gartengrenze dienen, bis eine davor gepflanzte Hecke diesen Part übernimmt. Dann wird der Zaun entfernt.
Vielleicht sind Sie ein kreativer Typ? Dann stellen Sie doch einzelne Zaunelemente mit Lücken so schräg zur Hauptblickrichtung auf, dass erst im Vorübergehen der Durchblick und ebenso freier Durchgang über die Grenze sichtbar werden.

Eisenzaun

- Stabiler sind Modelle aus Eisen, die zwar mit großen Abständen zwischen den Streben optisch offen sind, aber dennoch kein Durchkommen ermöglichen. Wer auf Durchgänge Wert legt, wechselt einzelne Zaunelemente mit Sträuchern, hohen Stauden oder Gräsern ab.
- Der Bau von Eisenzäunen setzt Betonfundamente für die Pfosten voraus. Exaktes Arbeiten ist ebenfalls wichtig, da die Streben lotrecht (Wasserwaage) stehen müssen. Andernfalls geht die Wirkung verloren. Zaunbauer oder Garten- und Landschaftsbauer helfen hier weiter.

HECKEN

WIE LEGT MAN
ATTRAKTIVE HECKEN AN?

- **Formschnitthecke:** je nach Art möglich ab 50 – 300 cm Höhe und ab 30 – 150 cm Breite; gerade Abschlusskante, wellenförmiger Abschluss, Heckendurchgänge mit Bogen
- **Frei wachsende Hecke:** erst ab 250 cm Breite und Höhe sinnvoll; für Naturgärten mit wenig Freifläche eine Option
- **Kletterpflanzen:** an Zaun und anderen Kletterhilfen entlangziehen.

WORAUF
MUSS ICH ACHTEN?

- Grenzabstände
- Maximal erlaubte Höhe (siehe Bebauungsplan)
- Immergrüne, wintergrüne oder Laub abwerfende Arten wirken unterschiedlich – vor allem im Winter.
- Schnitt-Zeitpunkt & Abfuhrtermine

Hecke am Sitzplatz

- Der Vorteil einer Hecke am Sitzplatz ist das frische Klima, das sie dort verbreitet. Wenn es sich zudem um duftende Straucharten handelt, umso besser.
- Geeignet sind vor allem Formschnitthecken, z. B. Rot-Buche, Hainbuche oder Liguster, die nicht ausladend sind.

Hecke aus Kletterpflanzen

- Eigentlich ist es geschummelt, aber man sieht es der Kletter-Hortensie nicht an, dass sie keine Heckenpflanze ist. Ihr dichter und gleichzeitig schmaler Wuchs schließt den Zaun an der Gartengrenze komplett ab.
- Efeu und Kriechspindel lassen sich ebenfalls heckenartig ziehen.

Strauchhecke

- Frei wachsende, sogenannte Blütenhecken, benötigen gut und gern 2,5 – 3 m Breite, um sich schön zu entfalten.
- Manche Arten wie Hartriegel, Forsythie und Garten-Eibisch, vertragen aber auch regelmäßige Rückschnitte. So lassen sich recht schmalere Strauchhecken realisieren. Die Blüte ist dann aber gelegentlich etwas schwächer.
- Ein Mix unterschiedlicher Blattfarben – Hell- und Dunkelgrün, weißrandig und rotlaubig – sorgt dann für einen spannungsreichen Heckenverlauf.

KOSMOS
SOFORTHELFER

Formschnitthecken können Sie am besten Ende Februar und ab Juli stutzen. Von März bis Juni liegt die Hauptbrutzeit der meisten Gartenvögel. Vermeiden Sie in dieser Zeit nach Möglichkeit den Schnitt Ihrer Hecken. Da viele Vogelarten eine zweite oder sogar dritte Brut im Juni oder Juli haben, untersuchen Sie bitte die Hecke noch vor dem Schnitt nach besetzten Nestern.

STRÄUCHER FÜR BLÜTENHECKEN

Kornelkirsche

(Cornus mas)

Aussehen

- Blüte: Ende März/Anfang April blassgelb. Früchte: rot, kirschenähnlich. Wird ungeschnitten bis zu 7 m groß. Sehr schnittverträglich.

Pflege

- Pflegeleicht, frei wachsende Hecke, Schnitthecke.

Tipp

- Früchte sind als Marmelade und Mus schmackhaft, pur etwas gewöhnungsbedürftig. Kornelkirsche ist ein Hartriegel und kein Kirschbaum.

Forsythie

(Forsythia × intermedia)

Aussehen

- Blüte: je nach Sorte goldgelb oder blassgelb. Blüht im April. Wird 3–4 m hoch. Ungeschnitten bogig überhängender Wuchs.

Pflege

- Pflegeleicht, schnittverträglich – Rückschnitt am besten direkt nach der Blüte. Herbstschnitt reduziert oder verhindert die Blüte. Als Formschnittgehölz möglich.

Tipp

- Inbegriff des Frühlings. Blütezeit der Forsythie markiert den Termin zum Rosenschnitt.

Kolkwitzie

(Kolkwitzia amabilis)

Aussehen

- Blüte: rosaweiß im Mai/Juni. Wird etwa 2–3 m hoch und ebenso breit. Attraktiv überhängender Wuchs.

Pflege

- Pflegeleicht. Kein Formschnitt empfehlenswert, nur alte Triebe zum Verjüngen entfernen.

Tipp

- Schöne Kombinationen mit Zier-Lauch und Rosen möglich.

Feuerdorn

(Pyracantha coccinea)

Aussehen

- Höhe: 2–4 m, Blüte: weiß im Mai / Juni. Früchte: je nach Sorte orange, orangerot oder gelb und lang am Strauch haftend. Dichter, unregelmäßiger Wuchs mit spitzen Dornen.

Pflege

- Pflegeleicht, schnittverträglich (feste Handschuhe tragen wegen der Dornen!).

Tipp

- Am Spalier erzogen eignet sich Feuerdorn auch zur Fassadenbegrünung.

Blut-Johannisbeere

(Ribes sanguineum)

Aussehen

- Höhe: 1,5 – 2 m, Blüte: karminrot, rosa im April/Mai.

Pflege

- Pflegeleicht und schnittverträglich.

Tipp

- Die schwarzen Früchte sind nicht giftig, aber auch nicht besonders schmackhaft.

Weigelie

(Weigelia florida)

Aussehen

- Höhe 1,5–3 m, Blüten rosa oder karminrosa. Blüht von Ende Mai bis Anfang Juli.

Pflege

- Pflegeleicht. Kein Formschnitt empfehlenswert, nur alte Triebe zum Verjüngen entfernen.

Tipp

- Die attraktive, gelbbunte Sorte 'Nana Variegata' (Bild) wird nur 1,5 m groß.

DIE
13

IDEEN & INSPIRATION

EIN KLEINER GARTEN BIRGT VIELE OPTIONEN, ABER AUCH GROSSE HERAUSFORDERUNGEN. UMSO GRÖSSER WERDEN DIESE, WENN DAS GRUNDSTÜCK AM HANG LIEGT, BESONDERS SCHMAL GESCHNITTEN IST ODER SEHR SCHATTIG LIEGT. FÜR ALLE LAGEN GIBT ES INDIVIDUELLE UND ATTRAKTIVE GESTALTUNGSMÖGLICHKEITEN.

HANGLAGEN

Die Lage manchen Gartens am Hang reduziert einerseits die Bandbreite an Gestaltungsmöglichkeiten. Schon mit kleinen Mauern gestützt, lassen sich jedoch ebene Flächen schaffen, die Sie als Terrasse, Blumenbeet oder Küchengarten nutzen können.
Sträucher, Gräser und Stauden wachsen außerdem ebenso gut auf schrägen Flächen und befestigen mit ihrem Wurzelwerk zugleich den Boden.
Ein Hanggarten ist übrigens besser als ein ebener Garten für Bachläufe und kleine Wasserfälle geeignet.

LICHT UND SCHATTEN

Zu viel Sonne kann im Garten genauso schwierig sein wie zu wenig. Die exponierte Situation von Dachgärten bei zugleich fehlendem Erdreich für die Pflanzen erfordert besondere Strategien wie den Einsatz von Kübelpflanzen und Hochbeeten – idealerweise mit automatisierten Bewässerungssystemen.
Schattige Innenhöfe oder Grundstücke, die von großen Bäumen überdeckt werden, machen eine Pflanzenauswahl nötig, die auf diese Lage abgestimmt ist. Zahlreiche Arten sind gerade dafür hervorragend geeignet. Statt Rasen, der nur schwer oder gar nicht gedeiht, entscheidet man sich besser für befestigte Bodenbeläge.

MINI-GÄRTEN

Bei Neubauten von Reihenhäusern scheint mitunter ein Wettbewerb um den kleinsten Garten zu herrschen. Keine leichte Aufgabe, aber machen Sie das Beste daraus und entwickeln Sie einen persönlichen Stil.

REIHENHAUSGÄRTEN

WELCHE
BESONDERHEITEN GIBT ES?

- Beidseitig Nachbarn – außer bei den Eckgrundstücken.
- Sehr kleine Gartenfläche.
- Oftmals vorgefertigte Terrassen- & Sichtschutzlösungen.
- Mögliche Einblicke aus dem ersten Stock der Nachbarhäuser.
- Eigener Ausblick aus der ersten Etage.
- Kein Außeneingang in den Garten bei gegenüberliegenden Grundstücksflächen – alles muss durchs Haus getragen werden.

Alles auf kleinem Raum

- Wer auf nichts verzichten möchte, muss geschickt anordnen: ein Teich an der Gartengrenze, umgeben von üppiger Bepflanzung und darüber eine Sitzbank mit Aussicht. So wirkt es urgemütlich und ist enorm abwechslungsreich.

Clevere Gliederung

- Notwendige Wege und Treppen lassen sich attraktiv gestalten und können zugleich der Raumaufteilung dienen. Die spannungsreiche Pflanzenauswahl mit Stauden, Gräsern und Kräutern belebt die entstehenden, unregelmäßigen Flächen.

Bauerngarten statt Rasen

- Wenn keine Spielfläche nötig ist, ergeben sich schnell faszinierende Alternativen zum Rasen. Ein Bauerngarten im italienischen Renaissance-Stil, von Buchs eingefasst, ist eine besondere Variante. Wege aus wassergebundener Decke mit Schotter erschließen die Beete.
- Vom Balkon aus der ersten Etage betrachtet sieht der Garten anders aus als von ebenem Boden. Klare Strukturen und Wege wirken jedoch aus beiden Perspektiven. Darauf sollte eine Planung aufgebaut werden, die langfristig interessant bleiben soll.

SITZPLÄTZE

WIE PLATZIERE ICH

SITZPLÄTZE AM BESTEN?

- **Auf der Terrasse:** großer Essbereich, Grillplatz.
- **An der Gartengrenze:** Gegenüber dem Haus gelegen, ermöglicht ein kleiner Sitzplatz andere Lichtsituationen und neue Perspektiven.
- **Frei im Garten:** Einzelne Stühle „wandern" tages- oder jahreszeitlich an die schönsten Ecken.
- **In Szene gesetzt:** Ein Platz im Pavillon oder unter einer Pergola ist Eyecatcher und gemütlicher Rückzugsort in einem.
- **Im Vorgarten:** ein Willkommensgruß und – sofern etwas geschützt angelegt – ein ganz anderer Blick auf die Dinge.

Erhöhter Sitzplatz

- Mit einem erhöhten Sitzplatz schlagen Sie zwei Fliegen mit einer Klappe: Sie kommen in den Genuss einer guten Aussicht und haben zugleich einen attraktiven Hingucker.
- In ebenen Gärten lässt sich mit künstlicher Bodenmodellierung ein höheres Plateau schaffen.

Sitzen vor dem Haus

- Nicht nur etwas für sehr groß ausgefallene Vorgärten: ein Sitzplatz vor dem Haus. Ein durchgehender Plattenbelag lässt genug Platz für einen Weg sowie Stellfläche für Tisch und Stühle.
- Pflanzen bilden einen grünen Schutzmantel und strukturieren die Fläche.

KOSMOS
SOFORTHELFER

Beschränken Sie den Sichtschutz im Reihenhausgarten auf ein nötiges Maß. Sicher, die Terrasse sollte eine gewisse Geborgenheit aufweisen. Vielleicht lässt sich aber die lange Gartengrenze so offen gestalten, dass die angrenzenden Grundstücke optisch mit in Ihre Gestaltung einfließen. Mit einer niedrigen Hecke oder Staudenbeeten markieren Sie die Gartengrenze unaufdringlich.

Große Sonnenterrasse

- Legen Sie die Terrasse so an, dass sie im Sommerhalbjahr gut genutzt werden kann. Ausreichende Größe und die richtige Ausrichtung zur Sonne sind dafür wichtige Kriterien. Wer setzt sich schon gern in den kalten Schatten? Und wennschon, dann bitte freiwillig, z. B. unter einen Sonnenschirm.
- Auch der Schattenwurf des Hauses oder der von hohen Bäumen kann einen Teil der Terrasse treffen – sofern genug sonniger Platz übrig bleibt, kann sich jeder nach seiner Fasson platzieren.

KREATIVE PFLANZIDEEN

WELCHE
BEETGESTALTUNGEN WIRKEN GUT?

- **Inselbeet** im Rasen
- **Stilvolle Deko** im Beet
- **Mischungen verschiedener Pflanzengruppen**: Stauden, Gräser, Sommerblumen, Zwiebelblumen, Sträucher sorgen ganzjährig für farbige Aspekte.
- Gräser & Stauden wie Fetthenne, Brandkraut und Goldrute erst im Spätwinter schneiden.
- **Notwendiges & Praktisches** zugleich attraktiv gestalten: z. B. dekorative Rankhilfen für Rosen, Clematis oder auch Kletterbohnen.
- **Höhenstaffelung im Beet:** vorn niedrig, hinten höher, vereinzelt hohe Pflanzen auch in der Mitte platzieren.
- Mix aus großblättrigen und schmalblättrigen Arten.
- **Räumliche Trennung** von Kräuterbeet, Blumen & Gemüse.
- **Einfassung der Beete** mit Rasenkanten, Heckenmyrte (statt Buchs), Weidenflechtzaun etc.
- Die Erweiterung in die Höhe ist optisch günstig: z. B. Hochbeete, Rankgitter und Obelisken, Pergola, Blumenampel, Etagere.
- Lücken im Beet kurzfristig mit Sommerblumen besetzen, bis Stauden den Platz einnehmen.

Pflanzinsel im Rasen

- Eine monotone Rasenfläche, noch dazu umrahmt von immergrüner Formschnitthecke, bekommt durch ein Inselbeet Pep.
- Rankbögen mit Kletterrosen und Clematis bringen die Vertikale gestalterisch ins Spiel und beleben den Raum zusätzlich.
- Eine Rasenkante hebt das Inselbeet optisch hervor. Die eigentlich triste Hecke bildet den ruhigen Hintergrund für das üppige Inselbeet.
- Das Inselbeet kann Ausgangspunkt für eine schrittweise Erweiterung der Pflanzflächen sein. Peu á peu stellt man dann ein Verbindung zur Hecke her und schafft neue Räume.

KOSMOS **SOFORTHELFER**

Immer wieder beschäftigen sich Gerichte mit Streitereien zwischen Nachbarn. Ob häufiges Grillen oder Lärmbelästigung – es geht stets um fehlende Rücksichtnahme auf der einen oder mangelnde Toleranz auf der anderen Seite. Gehen Sie besser im Vorfeld aufeinander zu und einigen sich auf gute Kompromisse. Sinnvolle Absprachen ersparen schließlich Ärger und die Anwaltskosten.

Deko-Objekte

- Stilistisch passende Accessoires, Deko- und Kunstobjekte erfrischen Beete und lenken Blicke. Im ländlichen Stil fügen sich Objekte aus Weiden hervorragend ein – noch dazu, wenn sie wie hier zugleich als Kletterhilfe für Erbsen dienen.

Mix aus Sommerblumen & Stauden

- Staudenbeete anzulegen, die langfristig schön sind, ist nicht so leicht. Sommerblumen wirken ihrerseits erst ab Juli beetfüllend. Da liegt eine Kombination der beiden Gruppen nahe. Ein Gerüst aus mehrjährigen Stauden wird im Frühsommer mit bunten Sommerblumen ergänzt.

VORGARTEN & HAUSEINGANG

WIE WIRD MEIN
VORGARTEN GEMÜTLICHER?

- **Bank** an der Hauswand
- **Hausbaum:** Kirsch- oder Apfelbaum, Kugel-Ahorn, Kugel-Robinie, Kugel-Steppenkirsche und Kugel-Trompetenbaum.
- **Rosenbogen oder Pergola** über dem Weg.
- **Handgefertigte Deko-Elemente:** Weidenflechtwerk, Töpferware, Oster- und Weihnachts-Deko.
- **Statt Rasen** Beete anlegen.
- **Eingang** mit beidseitig platzierten Kübelpflanzen, beispielsweise Buchskugeln oder Funkien, in Szene setzen.

Hausbaum

- Es muss nicht gleich eine Linde oder ein Walnussbaum sein – kleinkronige Bäume wie die Kugel-Robinie verleihen dem Vorgarten optisch Gewicht, ohne ihn damit zu überfrachten.
- Ausreichend Platz für eine Unterpflanzung mit Stauden und Bodendeckern.

Treppen verschönern

- Attraktiv gestaltete Natursteintreppen im Eingangsbereich können einen angenehmen Empfang bescheren.
- Mit Kübelpflanzen wie diesen auch im Schatten gedeihenden Funkien lassen sich jedoch auch einfache Stufenanlagen verschönern und beleben.

Blumiger Empfang

- Statt langweilig aneinandergereihter Rasenflächen im Vorgarten können Beete mit Stauden und Sträuchern eine persönliche Note ausmachen.
- Astern, Fetthenne und Hortensien bringen sogar im Herbst nochmals farbigen Schwung vors Haus.

KOSMOS
SOFORTHELFER

Floskel oder nicht – der Vorgarten ist die Visitenkarte des Hauses. Mit wenigen Mitteln lässt sich hier bereits viel erreichen. Eine gemütliche Bank an der Hauswand sorgt für wohnliches Flair. Ein Weg, der in leichtem Schwung zum Hauseingang führt, eröffnet fantasievolle Gestaltungen in den unregelmäßig geformten Flächen. Eine Skulptur dient als Willkommensgruß.

SCHMALE GÄRTEN

WIE GESTALTE ICH
EINEN HANDTUCHGARTEN?

- **Quer angelegte Hecken- oder Sichtschutzelemente** unterteilen den Garten in mehrere kleine Räume, die nicht auf den ersten Blick einsehbar sind. Diese lassen sich mit verschiedenen Stilen gestalten. Damit wird der Gang durch den Garten zum kleinen Abenteuer.
- **Verschiedene Beläge** wechseln ab und erzeugen räumliche Tiefe: Eine Rasenfläche grenzt beispielsweise an einen Streifen mit Pflaster und die Terrasse ist wiederum als Holzfläche gestaltet.
- **Niveau-Wechsel:** Ein höher gelegtes Plateau – 30 cm Höhe reichen – sorgt für einen optischen Schwerpunkt. Ein Holzdeck oder eine gepflasterte Fläche bieten sich dafür an. Ein kleiner Senkgarten ist ebenfalls spannungsreich. 50 cm tiefer gelegt, bringt ein Sitzplatz eine neue Perspektive und die Schrägen oder Mäuerchen können dekorativ bepflanzt werden.
- **Die Länge des Gartens lässt sich auch besonders hervorheben:** Sichtachsen mit geradem Weg, der von Rosenbögen oder einer Pergola überspannt wird, lenken den Blick auf eine Statue oder Ähnliches.
- **Ein Bachlauf** durch den ganzen Garten mit unterschiedlichen Abschnitten – formal eingefasst, hinter Felsen teils verborgen, wild natürlich – und mit leichtem Gefälle eingebaut, ist etwas Besonderes.

Lange Linien durchbrechen

- Durchgehende Linien kann man mit beispielsweise seitlich in eine lange Rasenfläche hineinragenden Formen strukturieren.
- Gepflasterte Kreise und Quadrate fangen den Blick des Betrachters ein und führen ihn langsam durch den Garten.
- Sträucher und Hecken als Raumteiler stoppen den Blick noch deutlicher. Damit wecken Sie Neugierde, um die entstehenden Ecken herumzugucken. Meist reichen teilweise durchgehende Raumteiler – ein geschlossener Querriegel bewirkt hingegen nur einen kleiner wirkenden Raum.

KOSMOS
SOFORTHELFER

Je schmaler der Garten, desto wertvoller ist jeder an den Seiten gesparte Zentimeter. Gerade bei Sandwich-Gärten, die beidseitig von Nachbarn umgeben sind, lohnt sich eine Absprache über die Gartengrenze. Eine Möglichkeit ist, dass jeder hinsichtlich Anlage und Pflege nur auf einer Seite für die zuvor gestalterisch abgestimmte, gemeinsame Gartengrenze verantwortlich ist.

Geschwungener Beetrand

- Mit einer sanft geschwungenen und optisch deutlich abgehobenen Rasenkante verlängert man die Beetkante. Damit ergeben sich im Beet spannungsreiche Formen. Weiterer Effekt: Das Beet lässt sich nicht sofort komplett überblicken, man muss dafür um die Kurve gehen.

Abwechslungsreiche Hecken

- Eine gerade verlaufende Formschnitthecke verstärkt den Eindruck eines langen Gartens.
- Freiwachsende Sträucher dagegen, als Hecke vereint, haben vielfältige Strukturen, Blüten und Blattwerk, und erzeugen ein Spiel vor- und zurückweichender Linien.

KLEINE GEHÖLZE

Fächer-Ahorn

(Acer palmatum)

Aussehen

- Größe: je nach Sorte 2 – 4 m; Blüte: unauffällige Blütenrispen im Mai; Früchte: Flügelfrüchte, teilw. attraktiv; Blätter: gefächerte oder tief geschlitzte Blätter, grün- oder rotlaubig, sehr dekorativ, tolle Herbstfärbung.

Pflege

- Junge Pflanzen bei Frost schützen; bei Trockenheit im Sommer gießen.

Tipp

- Im Sommer vertrocknete Zweige sofort großzügig entfernen, Gefahr einer Pilzerkrankung.

Sommerflieder

(Buddleja davidii)

Aussehen

- Größe: 3 – 4 m; Blüte: je nach Sorte rosa, violett, weiß. Blüte: ab Juli, teilweise späte Nachblüte.

Pflege

- Pflegeleicht, jährlich starker Schnitt im Februar, da Blüten an jungen Trieben gebildet werden.

Tipp

- Wird zu Recht auch Schmetterlingsstrauch genannt: Weißlinge, Tagpfauenauge, Admiral und Schwalbenschwanz kommen gern an die Blüten.

Bauern-Hortensie

(Hydrangea in Sorten)

Aussehen

- Größe: 1 – 2 m; Blüte: rosa, violett, blau oder weiß von Juni bis September. Vertrocknete Blüten sehen noch lange reizvoll aus.

Pflege

- Pflegeleicht. Schnitt im Frühjahr, aber nur Vertrocknetes schneiden und die alten Blüten bis zum nächsten Knospenpaar entfernen.

Tipp

- Blaue Blüten erhält man nur mit saurem Boden, den man mit Spezialdünger erreicht.

Stern-Magnolie

(Magnolia stellata)

Aussehen

- Höhe: 3 – 4 m, Blüte: vor dem Laubaustrieb, weiß, Ende März/April. Duftet leicht.

Pflege

- Pflegeleicht, krankheitsresistent.

Tipp

- Blüht früher als andere Magnolien, ist recht frostsicher und trotzt damit den meisten Spätfrösten.

Fingerstrauch

(Potentilla-Arten)

Aussehen

- Höhe: 1 – 1,5 m; Blüte: gelb oder weiß von Juni bis Oktober. Kompakter Strauch auch als niedrige Hecke geeignet.

Pflege

- Pflegeleicht. Liebt sonnige Standorte. Schnitt: alle 2–3 Jahre nach der Blüte um die Hälfte bis zwei Drittel kürzen.

Tipp

- Es gibt gelb und weiß blühende Sorten.

Spiree

(Spiraea-Arten)

Aussehen

- Höhe: je nach Art 1 – 3 m, Blüten weiß oder rosa. Blüht je nach Art von Mai bis September.

Pflege

- Pflegeleicht. Nach der Blüte nur leicht schneiden.

Tipp

- Auch für kompakte oder frei wachsende Hecken geeignet.

SOMMERBLUMEN & STAUDEN

Löwenmäulchen

(Antirrhinum-Cultivars)

Aussehen

- Größe: je nach Sorte 50 – 100 cm; Blüte: weiß, gelb, orange, rot, rosa von Juni bis Oktober.

Pflege

- Einjährig. Aussaat im März auf der Fensterbank, Auspflanzen ab Ende Mai.

Tipp

- Bunte Mischungen gibt's als Saatgut.

Schmuckkörbchen

(Cosmos bipinnatus)

Aussehen

- Größe: 80 – 100 cm; Blüte: je nach Sorte rosa, karminrot, weiß von Juli bis Oktober; filigrane Blätte.

Pflege

- Einjährig. Aussaat im März auf der Fensterbank, Auspflanzen ab Ende Mai. Direktsaat im Beet ab Mai.

Tipp

- Gute Schnittblume für die Vase.

Horn-Veilchen

(Viola cornuta)

Aussehen

- Größe: 20 – 30 cm; Blüte: einfarbig weiß, blau, orange, rosa und in unzählig vielen Kombinationen, auch gestreift, gepunktet, etc.; Hauptblüte im Mai, blüht aber nahezu ganzjährig.

Pflege

- Einjährig oder kurzlebig. Pflegeleicht. Neigt zur Selbstaussaat. Pflanzung und Aussaat ganzjährig außer bei Frost.

Tipp

- Es gibt fast schwarz blühende Sorten: z. B. 'Molly Sanderson' – sehr edel.

Japan-Anemone

(Anemone hupehensis var. japonica)

Aussehen
- Höhe: 60 – 100 cm, Blüte: weiß oder rosa, August bis Oktober. Früchte: Flauschig weiße Samenstände.

Pflege
- Pflegeleicht. Mehrjährige Staude. Pflanzung im Frühjahr.

Tipp
- Hohe Sorten mit Staudenstützen stabilisieren, damit sie bei Regen oder Wind nicht umknicken.

Mädchenauge

(Coreopsis-Arten)

Aussehen
- Höhe: 30 – 60 cm; Blüte: gelb oder orange, auch mit braunen Flecken, von Juni bis Oktober.

Pflege
- Mehrjährige Staude. Pflegeleicht. Liebt sonnige Standorte. Aussaat im Frühjahr oder Pflanzung im Herbst.

Tipp
- Gute Schnittblume für die Vase.

Flammenblume

(Phlox paniculata in Sorten)

Aussehen
- Höhe: 70 – 120 cm; Blüte: weiß, rosa, violett, blau, auch mehrfarbig von Juni bis September. Manche Sorten duften intensiv.

Pflege
- Pflegeleicht. Sonniger bis halbschattiger Standort.

Tipp
- Ist auch als Hoher Stauden-Phlox im Handel. Beim Kauf auf mehltauresistente Sorten achten.

SCHATTIGE ECKEN

WIE BELEBE ICH
EINEN DUNKLEN GARTEN?

- **Helle Farben** für Wände wählen.
- **Statt Rasen** hellen Bodenbelag wie Granit oder Kalkstein verwenden.
- **Zusätzliche Beschattung** durch Bäume und Bauwerke vermeiden.
- **Garten abends beleuchten:** Wände anstrahlen, dekorative Leuchten im Garten verteilen.
- **Hell** blühende Pflanzen einsetzen.
- **Pflanzen mit hellen Blättern einsetzen:** weißbunte, gelbbunte und grüngelbe Sorten.
- Spiegelnde Wände als Akzent vergrößern den Raum optisch.
- **Wasserbecken** reflektiert den Himmel.

Befestigter Innenhof

- Rasen wächst im Schatten generell schlecht, sogar sogenannte Schattenrasen-Mischungen stoßen schnell an ihre Grenzen.
- Eine komplett gepflasterte Fläche mit Kübelpflanzen, Wasserbecken und Deko-Objekten macht langfristig mehr Freude und ist pflegeleichter.

Helle Blüten

- Weiße und gelbe Pflanzen können von Frühling bis Herbst Licht ins Dunkle bringen. Tulpen, Zier-Lauch, Glockenblumen, Astilben, Schneebälle, Hortensien und Herbst-Anemonen gibt es in weißen Sorten, die auch mit wenig Sonnenlicht auskommen.

KOSMOS
SOFORTHELFER

Schattige Innenhöfe können Sie mit weiß und gelb gefleckten Pflanzen freundlicher in Szene setzen als mit dunkellaubigen Sorten. Stauden wie die Funkien 'Albomarginata' und 'Univittata' (Hosta) und Sträucher wie der Weiße Hartriegel 'Argenteomarginata' (Cornus alba) hellen dunkle Nischen auf. Auch Schattengräser wie die Japan-Segge 'Variegata' (Carex morrowii) eignen sich besonders gut.

Blattschmuckpflanzen

- Pflanzengattungen, die vor allem mit auffallenden Blättern wirken und weniger über die Blüte, wie die großblättrigen Funkien, kommen oft mit wenig Licht aus. Ein Potpourri an Sorten mit unterschiedlichen Blattfärbungen lässt sich leicht zusammenstellen.
- Purpurglöckchen, Lungenkraut und Farne überzeugen ebenfalls mit dekorativen, teils hellgrünen und weiß gefleckten, Blättern.
- Kontraste der Blattformen wirken zudem auch im Schatten: Gräser wie Seggen und Hainsimse lassen sich gut großblättrigen Arten gegenüberstellen.

STAUDEN FÜR DEN SCHATTEN

Bergenie

(Bergenia cordifolia)

Aussehen

- Größe: je nach Sorte 20 – 50 cm; Blüte: weiß oder rosa im April und Mai; Blattschmuck: immergrüne Blätter mit attraktiver, rötlicher Herbst- und Winterfärbung.

Pflege

- Pflegeleicht. Rückschnitt der Blütenstile nach der Blüte.

Tipp

- Gelegentliches Düngen fördert Blüte und Blattschmuck.

Tränendes Herz

(Dicentra spectabilis)

Aussehen

- Größe: 60 – 80 cm; Blüte: herzförmig rosa mit weiß im Mai und Juni; dekorative Blätter.

Pflege

- Pflegeleicht. Zweige sind leicht brüchig. Nicht mit Staudenstützen stabilisieren.

Tipp

- Zieht nach der Blüte bis zum nächsten Frühjahr schnell ein, daher mit Sommerblumen oder spät blühenden Stauden und Gräsern kombinieren.

Elfenblume

(Epimedium-Arten)

Aussehen

- Größe: 15 – 30 cm; Blüte: weiß, rosa, gelb und mehrfarbig im Mai, sehr grazil; Blattschmuck: Das elegante, dichte Blatt ist der Hauptgrund zum Pflanzen. Guter Bodendecker.

Pflege

- Pflegeleicht. Wuchernde Arten gelegentlich reduzieren.

Tipp

- Rückschnitt der alten Blätter im zeitigen Frühjahr, dadurch stehen Blüten später attraktiv über frischem Blattaustrieb.

Farne

(Athyrium, Dryopteris u. a.)

Aussehen

- Höhe: je nach Art 20 – 120 cm, ohne Blüte. Faszinierend entrollen sich die Blätter jedes Frühjahr.

Pflege

- Pflegeleicht. Mehrjährig. Standort im Schatten und Halbschatten. Wintergrüne Arten im Frühjahr schneiden.

Tipp

- Empfindliche Arten im Winter mit Laub bedecken.

Purpurglöckchen

(Heuchera-Cultivars)

Aussehen

- Höhe: 30 – 50 cm; Blüte: weiß oder rosa von Juni bis September. Blattschmuck: dekorative Blätter in Grün, Rotbraun, mit silbrig grauen Flecken, Orange oder Rotschwarz.

Pflege

- Pflegeleicht. Schöner Bodendecker. Standort im Halbschatten.

Tipp

- Wuchert nicht, Teilung am besten im Frühjahr.

Funkie

(Hosta in Arten und Sorten)

Aussehen

- Höhe: 15 – 80 cm; Blüte: weiß, rosa, violett von Mai bis August. Blattschmuck: dekorative Blätter in Grün, Gelbgrün, Blaugrün mit weißen oder gelben Rändern und Streifen.

Pflege

- Pflegeleicht. Halbschattiger Standort. An sonnigen Plätzen öfters gießen.

Tipp

- Beim ersten Austrieb vorbeugend mit Schneckenkorn schützen. Es gibt auch weniger anfällige Sorten.

GÄRTEN AM HANG

WOMIT
BEFESTIGE ICH DEN HANG?

- Dichte Bepflanzung
- Terrassierung mit kleinen Mauern
- Hochbeete, die den Hang abfangen
- Gabionen (gefüllte Drahtgitterkörbe)
- L- & U-förmige Steine aus Beton
- Trockenmauern

WELCHE
PFLANZEN EIGNEN SICH?

- Bodendeckende Stauden, Gräser und Gehölze verhindern Ausschlämmen der Erde.
- Sträucher festigen mit ihren Wurzeln das Erdreich.
- Größere Sträucher besser am Rand pflanzen, denn sie verbergen dahinter wachsende Pflanzen.
- In Mauerfugen gepflanzt, sehen Hauswurz, Mauerpfeffer und Mauerfarne wie der Streifenfarn sehr natürlich aus.
- Auf einer Mauerkrone gedeihen Steingartenpflanzen wie Blaukissen, Steinkraut und Schleifenblume ideal. Sie hängen nach einiger Zeit elegant herunter.

Treppen für steile Hänge

- Steile und enge Gärten lassen sich ohne Treppen kaum erschließen. Sorgen Sie dafür, dass der Treppenverlauf harmonisch wirkt, beispielsweise in leichtem Bogen.
- Auf Absätzen platzierte Kübel sowie Sträucher, die entlang der Stufen als Hingucker dienen, beleben die Treppe.

Trockenmauer

- Mit Trockenmauern kann man einen Hang sichern und zugleich terrassieren. Sitzplätze, Gemüse- und Blumenbeete finden auf den Etagen Platz.
- Der Kontrast der Natursteinmauern zu farbenfroh bepflanzten Beeten belebt den Hanggarten ganz besonders.

Treppe mit Böschung kombiniert

- Leichte Gefälle im Garten lassen sich mit wenigen, flachen Stufen mit großem Auftritt (s. S. 108) bewältigen. Beidseitig werden die Stufen in die sanfte Böschung hinein verlegt.
- Harmonisch wirkt es, wenn Pflanzen vom Beet über die Stufen wachsen können.
- Clevere Idee: kleine Gartenleuchten an der Treppe.
- Zum Befahren mit Schub- und Sackkarre eignet sich eine kleine Rampe besser. Damit sie nicht zu steil wirkt, schlängelt sie sich am besten leicht die Böschung hoch.

KOSMOS

SOFORTHELFER

Ein Hang lässt sich mit einem Hochbeet praktisch abfangen und sicher stabilisieren. Gemauerte Varianten oder aus schweren Balken gebaute sind besser geeignet, als Bauweisen mit leichten Brettern. So in den Hang hineingebaut, dass die Oberkante mit dem Hang abschließt, können Sie das Hochbeet in bequemer Arbeitshöhe mit Gemüse bepflanzen oder ein Zierbeet anlegen.

STUFEN & TREPPEN

WELCHE
STUFENFORMEN GIBT ES?

- **Blockstufen:** aus Naturstein oder Beton: Jede Stufe besteht aus einem massiven Block, wird in Beton gesetzt.
- **Stellstufen:** Hochkant eingebaute Steinplatten, in Beton gesetzt, stellen die Ansichtsfläche dar und bilden die Stufenhöhe. Sie werden von vorn betrachtet wahrgenommen. Der sogenannte Auftritt – auf den man den Fuß stellt – wird mit einem anderen Material, beispielsweise Pflaster ausgefüllt.
- **Legstufen:** Als Auftritt dient eine Steinplatte. Leicht zurückgesetzt, und damit optisch etwas verborgen, dient bei dieser Variante beispielsweise eine Pflasterreihe als Ansichtsfläche, auf der die Steinplatte aufliegt.
- Geringe Höhenunterschiede und auf kurze Dauer geplante Stufen lassen sich auch als Stellstufe mit Holzpfosten und Rindenmulchfläche ausführen.

Bequem Treppensteigen

- Bevor man mit dem Treppenbau loslegt, sollte man auf ein geeignetes Stufenmaß achten. Angenehm wird empfunden, wenn der Auftritt etwa 29 cm tief ist und die Stufenhöhe 17 cm beträgt.
- Ein leichtes Gefälle (0,5 – 1 cm je Stufe) nach vorn sollte man ebenfalls einplanen.

Stufen Natur-Look

- Eine kleine Steigung kann man auf natürlich-charmante Weise durch Natursteinblöcke bewältigen. Man bettet sie direkt in den Hang und kontrolliert kontinuierlich festen Sitz und angenehmes Treppensteigen. Auf ein Stufenmaß kann man ausnahmsweise getrost verzichten.

KOSMOS SOFORTHELFER

Trockenmauern stellen eine altbewährte Lösung zur Hangbefestigung dar. Mit einer Neigung von etwa 15 % zum Hang hin lässt sich ohne Mörtel eine attraktive Mauer aus Natursteinen errichten. Trockenmauern ab 75 cm Höhe benötigen sowohl ein Fundament zur Stabilisierung als auch eine rückwärtige Dränage, die verhindert, dass Wasser aus dem Hang durch die Steinfugen sickert.

Weg & Treppe

- Grundsätzlich kann man einen Hang mit einer längeren, aber höheren Treppe oder mehreren kürzeren Treppen mit Absätzen dazwischen erschließen.
- Ein langer Weg mit einer am Ende liegenden Treppe erzeugt hier eine lange Sichtachse. Die Ansichtsflächen der Stufen werden dabei betont.

Materialwahl

- Das Material der gepflasterten Stufen – Granit – wird in der oben anschließenden Trockenmauer erneut aufgegriffen. Damit erzielt man eine harmonische Einheit.
- Farne und Bergenien lockern die graue Steinkulisse angenehm auf.
- Spannungsreich ist der Treppenverlauf ums Eck.

SONNIGE TERRASSEN

WAS TUN BEI
STARKER SONNENEINSTRAHLUNG?

- Sonnensegel, Markise oder Sonnenschirm montieren.
- Hitzeverträgliche Pflanzen wählen: Hauswurz, Mauerpfeffer, mediterrane Kräuter.
- Automatische Bewässerung für Pflanzen.
- Holzbelag heizt sich weniger stark auf als Stein, ist allerdings nicht so langlebig wie Platten und Pflaster aus Stein.

WIE KANN ICH
PFLANZEN PFLEGEN?

- Kübel
- Balkonkästen am Geländer
- Blumenampeln
- Hochbeete
- Miniteich in Wanne oder Kübel
- Bei entsprechendem Dachaufbau kann ein Schotterbeet (mit speziellem Dachgartensubstrat) mit sogenannter extensiver Bepflanzung angelegt werden.

Sonnige Terrasse

- Für viele der Traum, stellt eine Dachterrasse in praller Sonne ganz besondere Anforderungen an die Gestaltung. Helligkeit und Hitze können in warmen Regionen störend sein und Stress auch für Pflanzen bedeuten.
- Am Sitzplatz kann man sich gut mit Sonnenschirm und Sonnensegel behelfen. UV-beständige Polster werden dennoch auf eine harte Probe gestellt. Ideal, wenn man sie gleich am Platz in einer Truhe verstauen kann.
- Hitzeverträgliche Pflanzen wie Palmlilien und Sukkulenten (Hauswurz, Agave, Mauerpfeffer) sind eine gute Wahl.

KOSMOS
SOFORTHELFER

Die exponierte Lage einer Dachterrasse macht nicht nur einen guten Sonnenschutz, sondern auch Windschutz nötig. Mit Glas oder Plexiglas gestaltete Brüstungen lassen den Ausblick frei, halten aber zugleich den Wind außen vor. Als Windschutz aufgestellte Wände oder Pflanzen im Kübel müssen Sie sicher befestigen, damit ein starker Windstoß sie nicht umweht.

Begrünte Dächer

- Carports und Garagendächer, die für eine intensive Nutzung statisch nicht ausgelegt sind, können dennoch optisch Teil des Gartens werden. Anstatt auf Dachpappe schaut man auf pflegeleichte Pflanzen, die in einem speziellen Schichtaufbau für extensive Dachbegrünung wachsen.

Elegante Dachterrasse

- Wenige Pflanzen im Kübel, aber passende Arten wie Olive, Lavendel und Buchs, rahmen die stilvolle Holzbank auf der Dachterrasse ein.
- Den nötigen Schatten in der Mittagszeit spendet ein leichter Sonnenschirm. Abends genießt man eher die wärmenden, seitlich einfallenden Sonnenstrahlen.

PFLANZEN FÜR DACHTERRASSEN

Gräser

(z. B. Reitgras 'Karl Foerster')

Aussehen

- Größe: je nach Art 20 – 150 cm; Blüte: weiß, cremeweiß, gelbbraun; Grashorste wirken schon im Frühjahr dekorativ, die Blütenhalme kommen dann meist ab Hochsommer hinzu.

Pflege

- Pflegeleicht. Im Kübel regelmäßig gießen. Robust und gesund. Windresistent.

Tipp

- Erst im Frühjahr komplett herunterschneiden.

Mediterrane Kräuter

(z. B. Rosmarin)

Aussehen

- Größe: 10 – 60 cm; Blüte: weiß und rosa (Thymian), violett und weiß (Lavendel, Salbei und Rosmarin); Blattschmuck: graugrün, grausilbrig, aromatisch duftend.

Pflege

- Pflegeleicht. Trockenheit vertragend, aber im Kübel gelegentlich gießen. Nicht düngen.

Tipp

- Für kompakten Wuchs im Frühjahr schneiden.

Mediterrane Pflanzen

(z. B. Olive)

Aussehen

- Größe: kompakte Formen und Arten bis 75 cm, hohe Arten bis 200 cm und höher. Blütenreichtum (Oleander, Bougainville, Engelstrompete) oder Blattschmuck (Lorbeer, Olive, Feige, Zitrus)

Pflege

- Je nach Art spezielle Ansprüche an Dünger, Standort und Bewässerung.

Tipp:

- Überwinterung der Pflanzen abklären. Meist ist ein frostsicheres, helles oder halbdunkles Quartier nötig.

Berg-Kiefer

(Pinus mugo)

Aussehen
- Höhe: je nach Sorte 50 – 200 cm. Blüte: gelblich im Juni/Juli. Zapfen: ei- oder kegelförmig. Immergrüne Nadeln.

Pflege
- Pflegeleicht und robust. Benötigt keinen Schnitt, wächst sehr langsam. Gelegentlich gießen, nicht düngen.

Tipp
- Berg-Kiefern sind sehr frosthart und tolerieren sogar kalten Wind im Winter sehr gut.

Sukkulenten

(Sedum & Sempervivum)

Aussehen
- Höhe: 5 – 20 cm; Blüte: weiß, gelb oder rosa von Juni bis August. Blattschmuck: dekorative Blattrosetten in Grün oder Rotbraun (Sempervivum), fleischig und teppichbildend in Grün, Graugrün und Rotbraun (Sedum).

Pflege
- Pflegeleicht und robust. Trockenheit vertragend. Nässe vermeiden.

Tipp
- Hübsch in kleinen Gefäßen und Schalen. Für extensive Dachbegrünung gut geeignet.

Palmlilie

(Yucca)

Aussehen
- Höhe: 140 cm; Blüte: weiß, auffallend, im August/September. Blattschmuck: grasähnlicher Blattschopf, graugrün, immergrün.

Pflege
- Pflegeleicht. Sonniger Standort. Winterschutz mit Fichtenreisig.

Tipp
- Bei Frostschäden an Blättern im Frühjahr schneiden.

DIE 25 SCHNELLSTEN ANTWORTEN

BAUWERKE

AUF KLEINER FLÄCHE BESTEHT IN DER REGEL KAUM BEDARF AN ZUSÄTZLICHEN GEBÄUDEN. JE NACH GEWÜNSCHTER GARTENNUTZUNG KOMMEN DENNOCH MEHRERE KLEINE BAUWERKE IN DIE ENGERE AUSWAHL.

GARTENHAUS

Ein kleines Gartenhaus macht nicht nur optisch etwas her. Im Sommer können Sie sich auf einem Sitzplatz davor niederlassen und das Mobiliar praktisch innen verstauen. Vielleicht ist sogar Platz für einen kleinen Tisch mit Stühlen drinnen.
Sofern beheizbar und damit frostfrei ist im Gartenhaus auch ein guter Platz für die Überwinterung von Kübelpflanzen.

GUT AUFGERÄUMT

Wohin mit Scheren, Spaten und Rasenmäher? Damit diese nicht im Keller lagern müssen, können Sie einen kleinen Werkzeugschuppen bauen. Der beste Platz dafür ist dort, wo Sie häufig arbeiten, beispielsweise gleich am Küchengarten. Clevere Regal- und Hakensysteme helfen, den Platz im Schuppen sinnvoll auszunutzen.

LECKERES AUS DEM GARTEN

Gemüsegärtner und Kräuterliebhaber liebäugeln vielleicht zusätzlich mit einem Gewächshaus, einem Früh- oder einem Hochbeet. Im Gewächshaus können Sie früh im Jahr mit der Aussaat und Anzucht von Pflänzchen beginnen und auch empfindliche Arten anbauen. Tomaten stehen beispielsweise unter Dach im Trockenen besser, da sie dort nicht so stark von Kraut- und Braunfäule befallen werden.
Ein kleines Frühbeet erfüllt ebenfalls den Zweck, schon im zeitigen Frühjahr mit Gemüsesorten einsteigen zu können.
Mehrere praktische Nutzen haben Hochbeete. Zum einen lassen sich bei der Füllung Äste, Zweige, Laub und Kompost gut verwerten. Andererseits ermöglichen sie eine angenehme Arbeitshöhe.

GARTENHÄUSCHEN

WOZU BRAUCHE
ICH EIN GARTENHAUS?

- Verstauen von Mobiliar & Polstern
- Trockener Sitzplatz im Garten
- Deponieren des Garten-Teeservices
- Überwinterung von Kübelpflanzen
- Gestaltungs-Highlight

WAS MUSS
EIN GEWÄCHSHAUS LEISTEN?

- Glas- oder Kunststoffwände
- Lüftungsklappen oder Fenster, ideal mit Automatik
- Beschattungsvorrichtung
- Heizung
- Regale
- Beetflächen
- Bei Überwinterung von Pflanzen: Isolierung nötig.
- Manuelle Bewässerung oder automatische Steuerung

Attraktives Gartenhaus

- In vielen Fällen dient ein Gartenhaus in erster Linie zum Lagern und Verstauen von Gartenmobiliar und Geräten. Bei ausreichender Größe kann man zusätzlich einen gemütlichen und beheizbaren Sitzplatz darin gestalten – ideal, für einen gelegentlichen Mini-Urlaub.
- Leider investieren viele Gartenbesitzer zwar in ein hochwertiges Gartenhaus, vergessen darüber aber, es optisch in den Garten einzubinden.
- Ein breiter Kiesweg mit beidseitigen Pflanzbeeten als Sichtachse setzt das stilvolle Gartenhaus beispielsweise adäquat in Szene.

BAUWERKE GEWÄCHSHAUS

Gewächshaus für kleine Gärten

- Schon leichte Sonnenstrahlung heizt die Luft im Gewächshaus auf. Das ist das Geheimnis für frühzeitige Aussaat und Anzucht von Gemüse, Kräutern und Sommerblumen.
- Damit es nun im Sommer wiederum nicht zu heiß wird, ist Belüftung notwendig, bei der Dachklappen bei Bedarf geöffnet werden.
- Von kleinsten, faltbaren Mini-Gewächshäusern für die Terrasse bis hin zu geräumigen, aufwendig verglasten Gewächshäusern, die einen guten Teil der Gemüseration decken können, gibt es im Fachhandel eine große Auswahl.

STAURAUM & ARBEITSFLÄCHEN

WO VERSTAUE
ICH GEFÄSSE, GERÄTE & WERKZEUG?

- Gartenhaus
- Geräteschuppen
- Gewächshaus
- Arbeitstisch
- Wandregale
- Hakenleisten
- Carport & Garage
- Keller
- Klapptruhe

WAS KANN ICH
LEICHT SELBER BAUEN?

- Arbeitstisch
- Regalsystem
- Hakenleisten
- Klapptruhe

Praktischer Arbeitstisch

- Keine große Investition und noch dazu schnell aufgebaut – ein Garten-Arbeitstisch. In angenehmer Arbeitshöhe macht Gartenarbeit noch mehr Freude.
- Praktisch: Regale für Töpfe, Schalen und weiteres Zubehör sowie seitliche Haken für Handgeräte.

Cleverer Stauraum

- Manch einer macht aus der Not eine Tugend und entwickelt sich zum kreativen Platzsparer. Garage und Carport bieten an den Wänden oft noch Platz zum Stapeln von Holz oder für Hakenleisten.
- Sogar die Decke lässt sich mit wenigen Handgriffen zum Werkzeuglager umfunktionieren.

Arbeitsplatz im Wintergarten

- Eine überdachte Terrasse oder ein Wintergarten mit Zugang vom Wohnhaus ermöglichen komfortables Gärtnern. Halb draußen, halb geschützt im Innenraum lässt es sich gut aushalten – selbst wenn es draußen etwas ungemütlich ist.
- Auf einem rustikalen Arbeitstisch kann man gemütlich aussäen, kleine Pflänzchen vereinzeln und die wachsenden Pflanzen bis zum Auspflanzen in den Garten immer gut im Auge behalten.
- Praktischerweise hat man alle notwendigen Utensilien immer griffbereit am Arbeitstisch deponiert.

HOCHBEETE

WELCHE
VORTEILE BIETET EIN HOCHBEET?

- Durch Verrottung der Füllung entsteht Wärme – gut fürs Pflanzenwachstum.
- Nährstoffreiche Füllung.
- Angenehme Arbeitshöhe.
- Schneckenschutz bei höheren Beeten.
- Effektvoller Niveauwechsel im Garten.
- Pflanzen stehen sicher vor Trittschäden.

WIE
WIRD EIN HOCHBEET GEFÜLLT?

- Zuerst kann man Kaninchendraht zum Schutz vor Wühlmäusen auslegen und an den Wänden seitlich hochziehen.
- Erste Schicht sind Äste und Zweige. Lage mit Füßen verdichten.
- Zweite Lage besteht aus weichen Gartenresten wie Laub und Staudenschnitt sowie Küchenabfällen. Festdrücken.
- Zuoberst kommen grobe Erde oder Kompost sowie eine Deckschicht aus feiner Gartenerde, in die man die Pflanzen einsetzt.
- Je Lage etwa ein Drittel der Höhe kalkulieren, damit es eine gute Mischung ergibt.
- Leicht unterschätzt man das Volumen und damit das benötigte Material. Beginnen Sie rechtzeitig mit dem Sammeln.

Holz: Do-it-yourself

- Einfach selber machen kann man ein Hochbeet mit vier Eckpfosten, an die ein Rechteck aus Holzlatten verschraubt oder genagelt wird.
- Die Höhe ist variabel und man kann beispielsweise auch Holzpaletten damit recyceln.

Holz: Fertigbausatz

- Hinsichtlich der Höhe optimiert und optisch ansprechend sind vorgefertigte Hochbeete aus dem Fachhandel.
- Von innen wird das Holz meist noch mit einer Folie geschützt. Der Clou: eine dekorative und als Ablage praktische Oberkante.

KOSMOS
SOFORTHELFER

Je nach Füllung verrottet der Inhalt des Hochbeetes unterschiedlich schnell. Meist ist das Material nach 2–3 Jahren ein gutes Stück in sich zusammen gesackt. Dann heißt es, entweder frische Erde aufzuschütten, oder man holt das Restmaterial heraus und schichtet das Hochbeet neu auf. Das Restmaterial in den mittleren Lagen nochmals verwenden oder auf den Kompost geben.

Mini-Gabione

- Ein Fall für moderne Küchengärten: Ein Hochbeet für Kräuter mit schmalen Gabionen als Wänden.
- Von innen sollte eine Folie angebracht werden, damit keine Erde nach außen sickert.
- Steinplatten außen herum sorgen für allzeit trockenes und sauberes Schuhwerk.

Flechtzäune

- Aus Haselruten geflochtene Wände, die man vorgefertigt kaufen kann, bilden die natürlich wirkenden, dekorativen Seitenwände eines niedrigen Hochbeets.
- Bei einer Höhe von 25–30 cm steht der optische Nutzen im Vordergrund, aber man kann zugleich Schnecken das Leben erschweren.

SERVICE

BODENUNTERSUCHUNGEN
Auskunft gibt es bei:

VDLUFA
c/o LUFA Speyer
Obere Langgasse 40
67346 Speyer
www.VDLUFA.de

GARTENAKADEMIEN

BADEN-WÜRTTEMBERG
Gartenakademie Baden-Württemberg e.V.
Diebsweg 2
69123 Heidelberg
www.gartenakademie.info

BAYERN
Gartenakademie Bayern
An der Steige 15
97209 Veitshöchheim
www.lwg.bayern.de/gartenakademie/

HESSEN
Hessische Gartenakademie
Brentanostraße 9
65366 Geisenheim
www.llh-hessen.de/hessische-gartenakademie

NIEDERSACHSEN
Niedersächsische Gartenakademie
Hohen Kamp 51
26160 Bad Zwischenahn
www.lwk-niedersachsen.de

RHEINLAND-PFALZ
Gartenakademie Rheinland-Pfalz
Breitenweg 71
67435 Neustadt/W
www.gartenakademie.rlp.de

SAARLAND
Saarländische Gartenakademie
Dillinger Straße 67
66822 Lebach
www.lwk-saarland.de

SACHSEN
Gartenakademie Sachsen
Söbrigener Straße 3a
01326 Dresden-Pillnitz
www.landwirtschaft.sachsen.de

THÜRINGEN
Gartenakademie Thüringen
Hinter der Mühle 19
99095 Erfurt-Stotternheim
www.gartenakademie-thueringen.de

AMTLICHE PFLANZENSCHUTZBERATUNG

BADEN-WÜRTTEMBERG
Landesamt für Pflanzenschutz
Reinsburgstr. 107
70197 Stuttgart
www.landwirtschaft-mlr.baden-wuerttemberg.de

BAYERN
Bayerische Landesanstalt für Landwirtschaft
Institut für Pflanzenschutz
Lange Point 10
85354 Freising
www.lfl.bayern.de/ips

BERLIN
Pflanzenschutzamt Berlin
Mohriner Allee 137
12347 Berlin
www.stadtentwicklung.berlin.de/pflanzenschutz

BRANDENBURG
Landesamt für Ländliche Entwicklung, Landwirtschaft und Flurneuordnung
Pflanzenschutzdienst
Müllroser Chaussee 54
15236 Frankfurt (Oder)
www.mil.brandenburg.de

BREMEN
Lebensmittelüberwachungs-, Tierschutz und Veterinärdienst des Landes Bremen
Pflanzenschutzdienst
Lötzener Straße 3
28207 Bremen
www.lmtvet.bremen.de

HAMBURG
Pflanzenschutzdienst Hamburg
Brennerhof 123
22113 Hamburg
www.pflanzenschutz.hamburg.de

HESSEN
Regierungspräsidium Gießen
Dezernat 51.4 – Pflanzenschutzdienst
Schanzenfeldstraße 8
35578 Wetzlar
www.pflanzenschutzdienst.rp-giessen.de

MECKLENBURG-VORPOMMERN
Landesamt für Landwirtschaft, Lebensmittelsicherheit und Fischerei Mecklenburg-Vorpommern
Pflanzenschutzdienst
Graf-Lippe-Straße 1
18059 Rostock
www.lallf.de

NIEDERSACHSEN
Landwirtschaftskammer Niedersachsen Pflanzenschutzamt,
Standort Hannover
Wunstorfer Landstraße 9
30453 Hannover
www.lwk-niedersachsen.de

wie oben, Standort Oldenburg
Sedanstraße 4
26121 Oldenburg
www.lwk-niedersachsen.de

NORDRHEIN-WESTFALEN
Landwirtschaftskammer Nordrhein-Westfalen
Pflanzenschutzdienst
Siebengebirgsstraße 200
53229 Bonn-Roleber
www.pflanzenschutzdienst.de

wie vor, Dienststelle Münster:
Nevinghoff 40
48147 Münster

RHEINLAND-PFALZ
Dienstleistungszentrum
Ländlicher Raum Rheinpfalz
Breitenweg 71
67435 Neustadt/W.

SAARLAND
Landwirtschaftskammer für das Saarland
Pflanzenschutzdienst
Dillinger Straße 67
66822 Lebach
www.lwk-saarland.de

SACHSEN
Sächsisches Landesamt für Umwelt, Landwirtschaft und Geologie
Abteilung Pflanzliche Erzeugung, Referat Pflanzenschutz
Stübelallee 2
01307 Dresden
www.smul.sachsen.de

SACHSEN-ANHALT
Landespflanzenschutzamt
Lerchenwuhne 125
39128 Magdeburg
www.llg-lsa.de

SCHLESWIG-HOLSTEIN
Pflanzenschutzamt/
Landwirtschaftskammer
Am Kamp 15–17
24768 Rendsburg
www.lksh.de/pflanzenschutzdienst

THÜRINGEN
Ministerium für Landwirtschaft, Naturschutz und Umwelt, Abt. Landwirtschaft
Beethovenstr. 3
99096 Erfurt
www.thueringen.de/th8/tmlfun

GARTENBEDARF

Keimzeit Saatgut-Fachversand
Hainholzweg 3
21358 Mechtersen
www.keimzeit-saatgut.de

Bakker (Pflanzenversand)
Kremerbergweg 1
22926 Ahrensburg
www.bakker-holland.de

Woodsteel GmbH
Ohlstedter Str. 17
22949 Ammersbek
www.woodsteel.de

W. Neudorff GmbH KG
An der Mühle 3
31860 Emmerthal
www.neudorff.de

Gärtner Pötschke
Beuthener Str. 4
41561 Kaarst
www.poetschke.de

Baldur-Garten
Elbinger Str. 12
64625 Bensheim
www.baldur-garten.de

Dehner GmbH & Co. KG
Donauwörther Str. 3–5
86641 Rain
www.dehner.de

Gartenbedarf-Versand Richard Ward
Günztalstr. 22
87733 Markt Rettenbach
www.gartenbedarf-versand.de

NÜTZLINGE

AMW Nützlinge GmbH
Außerhalb 54
64319 Pfungstadt
www.amw-nuetzlinge.de

e-nema
Gesellschaft für Biotechnologie und biologischen Pflanzenschutz mbH
Klausdorfer Straße 28-36
24223 Schwentiental
www.e-nema.de

Katz Biotech AG
An der Birkenpfuhlheide 10
15837 Baruth
www.katzbiotech.de

W. Neudorff GmbH KG
An der Mühle 3
31860 Emmerthal
www.neudorff.de

re-natur GmbH
Charles-Ross-Weg 24
24601 Ruhwinkel
www.re-natur.de

Sautter & Stepper GmbH
Rosenstraße 19
72119 Ammerbuch
www.nuetzlinge.de

SAATGUT

Jelitto Staudensamen
Am Toggraben 3
29690 Schwarmstedt
ww.jelitto.com

Bruno Nebelung
Marienberger Str. 10
56470 Bad Marienberg
shop.nebelung.de

Bingenheimer Saatgut AG – Ökologische Saaten
Kronstr. 24
61209 Echzell-Bingenheim
www.bingenheimersaatgut.de

ROSEN

Rosarot Pflanzenversand
Besenbek 4 B
25335 Raa-Besenbek
www.rosenversand24.de

W. Kordes' Söhne Rosenschulen
Rosenstraße 54
25365 Klein Offenseth
www.gartenrosen.de

Rosen Tantau
Tornescher Weg 13
25436 Uetersen
www.rosen-tantau.com

Noack Rosen
Im Fenne 54
33334 Gütersloh
www.noack-rosen.de

Rosenhof Schultheis
Bad Nauheimer Str. 3–7
61231 Bad Nauheim-Steinfurth
www.rosenhof-schultheis.de

Rosen-Union
Steinfurther Hauptstr. 27
61231 Bad Nauheim-Steinfurth
www.rosen-union.de

Lacon
J.-S.-Piazolo Straße 4 a
68766 Hockenheim
www.lacon-rosen.de

David Austin Roses
Bowling Green Lane
Albrighton
GB-Wolverhampton WV7 3 HB
www.davidaustinroses.com

STAUDEN

Foerster-Stauden
Am Raubfang 6
14469 Potsdam-Bornim
www.foerster-stauden.de

Klingel & Luckhardt
Fliederweg 10
21789 Wingst
www.stauden-klingel-luck-hardt.de

Staudengärtnerei Wichmann
Wallweg 1
26215 Wiefelstede
www.stauden-wichmann.de

Schachtschneider Stauden
Kirchhatter Straße 14
27801 Neerstedt/Oldb.
www.schachtschneider-stau-den.de

Pöppel-Stauden
Hauptstr. 95
28816 Stuhr-Seckenhausen
www.poeppel-stauden.de

Staudenkulturen Eskuche
Am Söhnholz
29664 Osternholz
www.stauden-eskuche.de

Staudengärtnerei Zinser
Burgwedeler Str. 18
30919 Isernhagen
www.stauden-zinser.de

Stauden Junge
Seeangerweg 1
31787 Hameln
www.stauden-junge.de

Arends Maubach
Monschaustraße 76
42369 Wuppertal
www.arends-maubach.de

Staudenkulturen Stade
Beckenstrang 24
46325 Borken-Marbeck
www.stauden-stade.de

Staudengärtnerei Kirschenlohr
Im Lammsbauch 29
67346 Speyer
www.stauden-kirschenlohr

Die Staudengärtnerei
Beerfeldener Str. 28
69483 Affolterbach
www.die-staudengaertnerei.de

Syringa Duftpflanzen & Kräuter
Bachstr. 7
78247 Hilzingen-Binningen
www.syringa-samen.de

Staudengärtnerei Gräfin von Zeppelin
Weinstraße 2
79295 Sulzburg-Laufen
www.graefin-von-zeppelin.de

Staudengärtnerei Frank
Oberbiberger Str. 5
82064 Straßlach-Dingharting
www.stauden-frank.de

Staudengärtnerei Gaißmayer
Jungviehweide 3
89257 Illertissen
www.gaissmayer.de

Sarastro-Stauden
A-4974 Ort im Innkreis 131
www.sarastro-stauden.com

Frikarti Stauden AG
Kirchhaldenstr. 3
CH-6264 Pfaffnau
www.frikarti.ch

ZWIEBELBLUMEN

Albert Treppens & Co Samen
Berliner Str. 84–88
14169 Berlin-Zehlendorf
www.treppens.de

Küpper Blumenzwiebeln & Saaten
Postfach 1468
37254 Eschwege
www.kuepper-bulbs.de

Zwiebelgarten Reinhold Krämer
Waldstetter Gasse 4
73525 Schwäbisch Gmünd
www.zwiebelgarten.de

Blumenzwiebelversand Bernd Schober
Stätzlinger Str. 94 A
86165 Augsburg
www.der-blumenzwiebelversand.de

REGISTER

A
Ahorn, Fächer- 98
Feld- 52
Anemone, Japan- 101
Arbeitsflächen 116
Aufräumen 115
Ausblicke 12
Ausleihen, Geräte 24

B
Bauern-Hortensie 98
Bauerngarten 89
Bauvorhaben 32
Bauwerke 115 ff.
Beetgestaltung 13
Beetrand 97
Beläge 55 ff., 67, 68 f.
befestigte 18, 19
offene 18
Berberitze, Hecken 52
Berg-Kiefer 113
Bergenie 104
Betonmauer 38
Betonplatten 58
Bewässerung 26
Blattschmuckpflanzen 103
Blicke lenken 67
Blut-Johannisbeere 85
Blütenhecke 83, 84 f.
Bretterzaun 78
Buche, Hain- 52
Rot- 53
Buchskugel 8

C
Clematis 50

D
Dachterrasse 111
Deko-Objekte 16
Duft-Wicke 48

E
Efeu 50
Eibe 53
Einbeziehung der Umgebung 13
Eisenzaun 81
Elfenblume 104

F
Fächer-Ahorn 98
Farbgebung 12
Farne 105
Feld-Ahorn 52
Feuerdorn 85
Fingerstrauch 99
Flammenblume 101
Flechtzaun 36, 42
Formschnitthecke 83
Forsythie 84
Fugen 59, 70 f.
Fundament, Mauer- 39
Funkie 103, 105

G
Gartengrenzen 73 ff.
gemeinsame 37
Gartenhaus 115, 116
Gartenmöbel 62 ff.
Gehölze, kleine 98
Geißblatt 51
Geräte 24
Gestaltung 8 ff.
Gestaltungselemente 10
Gewächshaus 117
Gießen 26
Glockenrebe 48
Gräser 112
Grenzen, durchlässige 80
Größe, von Sitzplätzen 56

H
Hainbuche 52
Handtuchgarten 96
Hanggarten 87, 106
Hausbaum 46, 94
Hauseingang 94
Hecken 73, 82, 97
Heckenpflanzen 52
Hecken-Berberitze 52
Herz, Tränendes 104
Heuchera 105
Hochbeete 107, 118
Holz, als Belag 59
Holzwände 36, 78
Holzzaun 75, 78
Horn-Veilchen 100
Hortensie, Bauern- 98
Kletter- 51
Hosta 105

I
Inspiration 87 ff.

J
Japan-Anemone 101
Johannisbeere, Blut- 85

K
Kapuzinerkresse 49
Kiefer, Berg- 113
Kies 61
Klappmöbel 63
Kletter-Hortensie 51
Kletterpflanzen 37, 41
als Hecke 82
einjährige 48
mehrjährige 50
Kolkwitzie 84
Kompostplatz 23
Kornelkirsche 84
Kräuter, mediterrane 112
Küchengarten 115
Kunstrasen 19

L
Lattenzaun 78
Liguster 53
Löwenmäulchen 100

M
Mädchenauge 101
Magnolie, Stern- 99
Maschenzaun 75
Mauern 38, 73, 76 f.
Metallzaun 74
Mini-Gärten 87
Möbelkauf 62
Mülleimer 22

N
Nachbarn 21
Naturstein 58
Natursteinmauer 39, 76
Neugestaltung 28

O
Oberflächen 18
für Sitzplätze 58
offene 60

Oberflächen, Wege 67, 68 f.
Optische Tricks 12

P
Palmlilie 113
Paravents 42
Pergola 46
Pflanzen kaufen 30
mediterrane 112
Pflanzideen 92
Phlox 101
Planung 8 ff., 30
Platten 56
Platz ausnutzen 14
Privatsphäre 20, 35 ff.
Prunkwinde 48
Purpurglöckchen 105

R
Rasen 15, 8
sprengen 26
Rasenmäher 25
Rasenweg 9
Raumteiler 12
Regentonne 27
Reihenhausgarten 21, 88
Rosenkelch 49
Rot-Buche 53

S
Schatten 17, 87, 102
Schattenstauden 104
Schmaler Garten 96
Schmuckkörbchen 100
Schmuddelecken 22
Schotter 61
Schwarze Susanne 49
Sichtschutz 20, 35 ff.
nach oben 46
mobiler 43
transparenter 40
Sitzplatz 20, 55 ff., 65, 90
Sofortwirkung 16
Sommerblumen 93, 100
Sommerflieder 98
Sonnenschirm 46
Sonnensegel 44, 47
Sonnenterrasse 91, 110
Spalier 41
Spannung erzeugen 12
Sparen, beim Bau 33
Spiree 99
Stacheldraht 75
Staketenzaun 80
Stauden 93, 101, 104
Stauraum 116
Steine 60
Stern-Magnolie 99
Stil, Gestaltungs- 10
Stil-Mix 13
Sträucher 84
Strauchhecke 83
Stufen 108
Sukkulenten 113
Susanne, Schwarze 49

T
Teakmöbel 65
Terrasse 14, 90, 110
Tränendes Herz 104
Treppen 94, 106, 108
Treppenabgang 23
Tricks, optische 12
Trittplatten 60
Trockenmauer 38, 106
Trompetenblume 50

U
Umgebung einbeziehen 13
Umgestaltung 28
Unschönes verstecken 22

V
Veilchen, Horn- 100
Vorgarten 94

W
Wandschirm 45
Wasser sparen 26
Wassertank 27
Wege 12, 14, 16, 55 ff., 66 f.
Weigelie 85
Werkzeug 24
Wicke, Duft- 48
Wilder Wein 51

Y
Yucca 113

Z
Zäune 36, 73, 74 f., 78
Ziegelmauer 38, 77

IMPRESSUM

Umschlaggestaltung von
Gramisci Editorialdesign, München
unter Verwendung von zwei Fotos von
shutterstock

mit 180 Abbildungen

Bildnachweis
Alle Fotos von **gartenfoto.eu/Martin Staffler** mit Ausnahme von:

Flora Press Agency, Hamburg (13): /gartenfoto.at: 2 Mi, 34, 78, 79, 96, 97 re, 117, 119, / Living&More: 43, /OrÈdia: 47, /The Garden Collection/Torie Chugg: 44, /Nova-Photo-Graphik GmbH: 83, /Perdereau: 77 re
Gartenschatz, Stuttgart (23): 48 li, 49 li, 52 alle 3, 53 alle 3, 84 li, 84 re, 85 Mi, 98 li, 98 re, 99 li, 100 re, 101 li, 104 li, 104 re, 105 li, 105 Mi, 112 li, 113 li, 113 re
pixelio.de (5): Annamartha: 108 re, Rainer Sturm: 81, Rolf Handke: 76, magicpen: 45, zaubervogel: 77 li,
Friedrich Strauß, Au-Hallertau (1): 42
Shutterstock (38): 1, 2 li, 2 re, 3 alle 3, 5, 6, 25 beide, 30, 48 Mi, 48 re, 49 Mi, 49 re, 50 alle 3, 51 alle 3, 54, 72, 84 Mi, 85 li, 85 re, 86, 98 Mi, 99 Mi, 99 re, 100 li, 100 Mi, 101 Mi, 101 re, 104 Mi, 105 re, 113 Mi, 114
Annette Timmermann, Kalübbe (4): 24, 26, 27 beide

Gestalter: 10 re GartenBaumschule Schlotterbeck, 14 li Ideenquadrat, 21 App Garten und Landschaftsbau, 36 li Blattwerk Gartengestaltung, 37 li Blattwerk Gartengestaltung, 60 li Blattwerk Gartengestaltung, 69 li Blattwerk Gartengestaltung, 82 re Blattwerk Gartengestaltung, 90 re Blattwerk Gartengestaltung

Alle Angaben in diesem Buch sind sorgfältig geprüft und geben den neuesten Wissensstand bei der Veröffentlichung wieder. Da sich das Wissen aber laufend in rascher Folge weiterentwickelt und vergrößert, muss jeder Anwender prüfen, ob die Angaben nicht durch neuere Erkenntnisse überholt sind. Dazu muss er zum Beispiel Beipackzettel zu Dünge-, Pflanzenschutz- bzw. Pflanzenpflegemitteln lesen und genau befolgen sowie Gebrauchsanweisungen und Gesetze beachten.

Unser gesamtes lieferbares Programm und viele weitere Informationen zu unseren Büchern, Spielen, Experimentierkästen, DVDs, Autoren und Aktivitäten finden Sie unter kosmos.de

FSC www.fsc.org
MIX
Papier aus verantwortungsvollen Quellen
FSC® C084279

Gedruckt auf chlorfrei gebleichtem Papier

ISBN 978-3-440-14682-8
Projektleitung:
Kullmann & Partner GbR, Stuttgart
Konzeptionelle Entwicklung:
Dr. Folko Kullmann, Marc Strittmatter
Lektorat: Dr. Folko Kullmann
Gestaltungskonzept:
Gramisci Editorialdesign, München
Gestaltung und Satz: Kristijan Matic
Produktion: Jürgen Bischoff
Printed in Slovenia / Imprimé en Slovenie

DER AUTOR

Martin Staffler ist gelernter Landschaftsgärtner, hat an der Fachhochschule Osnabrück Landschaftsarchitektur studiert und ein Volontariat in der Redaktion von Mein schöner Garten absolviert. Anschließend hat er dort zwei Jahre als Bildredakteur gearbeitet. Seitdem ist er selbstständig als Gartenfotograf, Gartenjournalist und Buchautor tätig. Martin Staffler lebt mit seiner Familie in Stuttgart.

Sofort-helfer

Sucherfolg statt Suchmaschine

Thomas Proll
Rosen
128 Seiten, 220 Abb., €/D 14,99

Von der Auswahl der Rosen-Sorten über die Pflege bis zum richtigen Schnitt und Winterschutz werden die wichtigsten Themen und Tipps nach dem bewährten Soforthelfer-Prinzip in Schritt-für-Schritt-Fotos mit „Aha-Effekt“ gezeigt. Für gesunde und üppig blühende Rosen.

Joachim Mayer
Gartenjahr
128 Seiten, 230 Abb., €/D 14,99

Was mache ich wann im Garten? Anhand von Schritt-für-Schritt-Fotos wird erklärt, welche Gartenarbeiten im Jahresverlauf bei Obst und Gemüse, Hecken, Stauden oder Sommerblumen anfallen. Ohne langes Blättern und Suchen sind Ihre Arbeiten im Garten garantiert erfolgreich.

kosmos.de